CURIOSITÀ INCREDIBILI – IL GRANDE ATLANTE DEI MISTERI DEL MONDO

VIAGGIA ATTRAVERSO SEGRETI SORPRENDENTI PER SCOPRIRE, IMPARARE E DIVERTIRTI!

AURORA BRIGHTWOOD

PUBBLICATO DA
PURELEARN PUBLICATIONS

Curiosità Incredibili: Il Grande Atlante dei Misteri del Mondo © Copyright 2024 di Aurora Brightwood (Prima Edizione)

Diritti d'Autore

Tutti i contenuti di questo libro, inclusi testi, quiz, immagini e illustrazioni, sono protetti dalle leggi sul diritto d'autore. È severamente vietato riprodurre, distribuire o trasmettere qualsiasi parte di questo libro in qualsiasi forma o con qualsiasi mezzo, elettronico o meccanico, inclusa la fotocopia, la registrazione o qualsiasi sistema di archiviazione e recupero delle informazioni, senza il permesso scritto dell'editore. L'unica eccezione consentita è la citazione di brevi estratti a scopo di recensione.

Nota Legale

Le informazioni contenute in questo libro sono fornite solo a scopo educativo e di intrattenimento. Queste non sono intese come sostituto di consulenze professionali. Mentre l'autore e l'editore hanno lavorato per garantire l'accuratezza delle informazioni qui contenute, possono verificarsi errori e omissioni. Né l'autore né l'editore saranno responsabili per qualsiasi danno risultante dall'uso di questo libro.

Questo libro è stato creato con l'intento di fornire informazioni divertenti ed educative. Si raccomanda la supervisione di un adulto quando il libro viene utilizzato da bambini, per garantire un'esperienza adeguata e sicura.

Il contenuto di questo libro è stato redatto con diligenza e attenzione, basandosi sulle conoscenze e le convinzioni dell'autore al momento della stesura. Tuttavia, si consiglia di consultare professionisti qualificati prima di applicare qualsiasi delle informazioni o suggerimenti forniti.

L'utilizzo delle informazioni presenti in questo libro è a discrezione esclusiva del lettore. Continuando la lettura di questo libro, l'utente accetta le condizioni descritte e si assume la piena responsabilità delle decisioni prese in base al suo contenuto.

INDICE

Introduzione	5
1. Scienza e Natura	11
2. Tecnologia e Invenzioni	37
3. Storia e Cultura	57
4. Geografia e Luoghi	79
5. Record Mondiali e Fatti Straordinari	95
Conclusione: Oltre l'Orizzonte	111

INTRODUZIONE

BENVENUTI ESPLORATORI!

Ciao giovani avventurieri! Preparatevi ad imbarcarvi in una delle missioni più entusiasmanti che abbiate mai intrapreso: un viaggio straordinario attraverso le pagine del nostro libro "Curiosità Incredibili - Il Grande Atlante dei Misteri del Mondo". Immaginate di avere in mano una mappa del tesoro che vi guida attraverso foreste misteriose di informazioni, montagne di misteri e oceani di scoperte.

Questo libro è come un portale magico che apre le porte a mondi nascosti e tesori della conoscenza, permettendovi di esplorare il vasto universo dalla comodità della vostra camera da letto. Ogni pagina vi trasporta in una nuova avventura, dove imparerete su creature straordinarie, invenzioni incredibili, e storie di eroi e civiltà che hanno lasciato il segno nel tempo.

Perché Questo Libro È Un Tesoro Unico?

Un Mondo di Conoscenza a Portata di Mano:

Immaginate di poter scoprire i segreti del mare profondo, esplorare le galassie distanti, viaggiare indietro nel tempo fino agli antichi egizi o avventurarvi nelle giungle pluviali - tutto questo senza lasciare il vostro divano! Questo libro vi porta in un viaggio attraverso tante curiosità incredibili e storie sorprendenti che risveglieranno il vostro interesse ed espanderanno i vostri orizzonti.

Divertimento Che Fa Scintille:

Chi ha detto che imparare non può essere divertente? Mettete alla prova le vostre nuove conoscenze con quiz interattivi che rendono ogni scoperta più avvincente. Non solo leggerete dei fatti, ma li vivrete attivamente, rispondendo a domande che stimolano il pensiero e la memoria. È un modo perfetto per sfidare gli amici o la famiglia e vedere chi diventa il campione dei misteri del mondo!

Pensare, Riflettere, Crescere:

Ogni curiosità che incontrerete è un tassello che contribuisce a costruire il castello del vostro pensiero critico. Imparerete a interrogare le informazioni, a connettere i punti, e a trovare soluzioni creative ai problemi. Queste sono abilità preziose che vi serviranno a scuola e nella vita di tutti i giorni, trasformando ogni lettore in un piccolo grande pensatore.

Un'Esperienza Visiva Incantevole:

Ogni pagina di questo libro è arricchita da illustrazioni colorate e dettagliate che catturano la vostra immaginazione e migliorano la comprensione dei fatti raccontati. Le immagini sono potenti, possono trasportarvi in un altro tempo e luogo, e rendere l'apprendimento un'esperienza chiara e memorabile.

Tempo di Qualità Condiviso:

INTRODUZIONE

In un'epoca dominata dagli schermi, "Curiosità Incredibili" offre una meravigliosa opportunità per connette tutta la famiglia. Leggere insieme, discutere le curiosità trovate, e sfidarsi nei quiz è un modo divertente e costruttivo per trascorrere il tempo insieme, rafforzando i vostri legami.

<u>Una Scintilla per l'Avventura Continua:</u>

La fine di questo libro non significa la fine del vostro viaggio. Ogni curiosità vi spingerà a cercare ulteriori informazioni, esplorare più a fondo e non smettere mai di chiedere "Perché?" o "Come?". Questo spirito di indagine è il cuore dell'avventura scientifica e culturale, e "Curiosità Incredibili" vi fornisce il trampolino di lancio per infinite scoperte.

MAPPA DEL TESORO

Iniziamo con la scoperta della Mappa del Tesoro! Questa non è una mappa qualsiasi, disegnata su vecchia pergamena né segnata con la classica "X" dei pirati. No, questa mappa è un intricato disegno di conoscenze, un indice di avventure che vi guiderà attraverso i segreti più nascosti e le meraviglie più sbalorditive del nostro pianeta.

1. Scienza e Natura

Preparatevi a indossare il cappello del naturalista e del fisico, poiché questa sezione vi porterà in luoghi che mai avreste immaginato di visitare. Da esplorazioni delle profondità oceaniche, dove creature bizzarre brillano nell'oscurità, ai confini dello spazio, dove il tempo e la luce si intrecciano in un balletto cosmico. Vi immergerete in realtà dove la scienza sfida la fantasia, scoprendo fenomeni meteorologici estremi, il ciclo di vita unico dei dinosauri e le straordinarie tecnologie per la salvaguardia della natura.

2. Tecnologia e Invenzioni

Questa sezione è il vostro pass per il futuro e per il passato! Scoprirete come le invenzioni, dall'antica ruota al moderno smartphone, hanno trasformato la società. Vi addentrerete nel mondo della robotica, dove macchine capaci di apprendere e operare autonomamente stanno cambiando il panorama del lavoro e del gioco. Esplorerete anche il potenziale delle energie rinnovabili, cruciali per il nostro futuro sostenibile, e vi divertirete a conoscere le invenzioni più strane che l'umanità abbia mai concepito.

3. Storia e Cultura

Viaggiate indietro nel tempo alle origini delle civiltà, scoprendo come antichi ingegni costruirono imperi e come rivoluzioni culturali e tecnologiche hanno plasmato il mondo moderno. Questa sezione vi offre una macchina del tempo che attraversa le epoche storiche, svelando i misteri delle piramidi d'Egitto, l'influenza culturale della Seta, e le trame nascoste dietro grandi rivoluzioni che hanno riscritto le regole della società.

4. Geografia e Luoghi

Il nostro pianeta è un mosaico di paesaggi mozzafiato e fenomeni naturali che aspettano solo di essere esplorati. Dalle misteriose città sommerse alle imponenti montagne che toccano il cielo, ogni luogo ha una storia unica. Scoprirete i segreti dei deserti che si estendono come mondi dimenticati e le intricata rete di biomi che sostengono la vita sulla Terra in modi straordinariamente diversi.

5. Record Mondiali e Fatti Straordinari

Questa sezione è dedicata all'incredibile e all'impossibile che, tuttavia, esiste! Dalle persone che hanno raggiunto limiti fisici impensabili ai fenomeni naturali che sfidano ogni logica, qui celebreremo l'estremo e l'eccezionale. È un tributo alle meraviglie della natura e alle straordinarie capacità umane che continuano a spingere i confini di ciò che pensavamo fosse possibile.

Ogni sezione di questo libro è un'isola piena di tesori da scoprire, con percorsi che potete seguire in ordine o saltare avanti e indietro, seguendo la vostra curiosità e interesse. Usate questa mappa per orientarvi, scegliete il vostro percorso, e non dimenticate di godervi ogni scoperta. Ricordate, il vero tesoro di questa avventura è la conoscenza e le esperienze che accumulerete.

Afferrate il taccuino degli appunti, esploratori! È tempo di navigare attraverso questi capitoli e scoprire i misteri celati in ogni angolo del libro. Buona esplorazione e che la curiosità sia sempre la vostra guida!

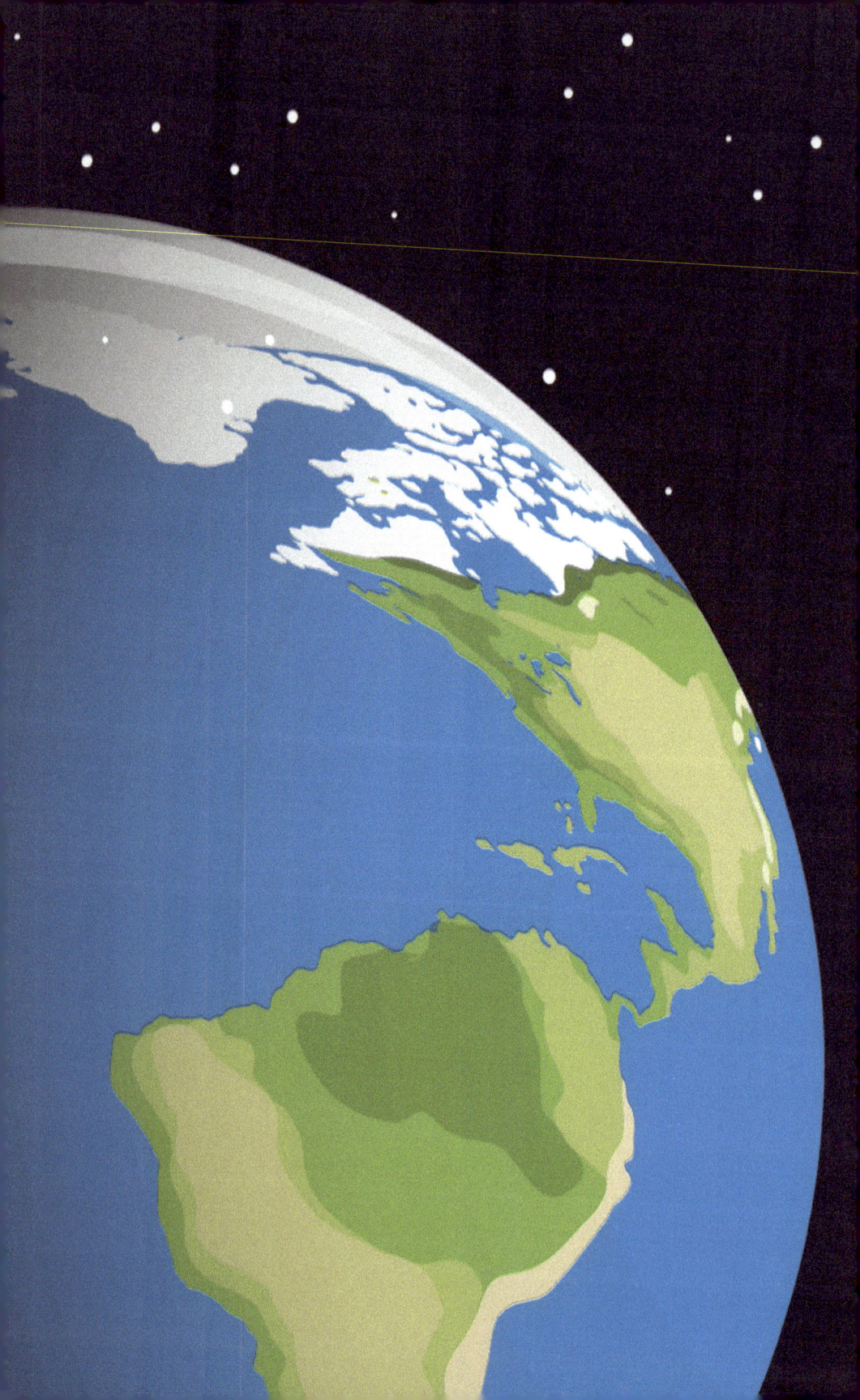

1
SCIENZA E NATURA

ANIMALI SUPEREROI

Nel mondo degli animali ci sono creature con poteri così speciali che sembrano supereroi usciti da una storia a fumetti. Questi animali usano le loro abilità incredibili per vivere meglio nei loro ambienti, a volte molto difficili. Oggi scopriremo alcune di queste capacità straordinarie, dal camuffamento che sembra magia pura alla super velocità nel volo, mostrando quanto il nostro pianeta sia pieno di sorprese.

1. La Salamandra Gigante: La Regina della Rigenerazione

Immagina di poter far ricrescere un braccio perso o perfino parte del tuo cuore. La salamandra gigante può fare proprio questo! Se perde una parte del suo corpo, può farla ricrescere senza cicatrici. Questo super potere aiuta i scienziati a studiare come curare ferite e malattie negli umani.

2. La Farfalla Urano: La Mimetica Volante

La farfalla Urano, conosciuta anche come Urania leilus, è una supereroina del mondo degli insetti grazie alla sua straordinaria capacità di mimetizzarsi durante il volo. Questa farfalla, che vive nelle foreste tropicali dal Messico al Brasile, ha ali di un vibrante blu-verde metallizzato quando sono aperte, ma una volta chiuse, mostrano un colore marrone scuro con macchie che assomigliano a foglie morte. Questa doppia vita cromatica le permette di apparire come una foglia volante quando batte le ali velocemente, rendendo estremamente difficile per i predatori riconoscerla mentre vola tra le fronde degli alberi. La capacità di cambiare così drasticamente aspetto in un batter d'occhio la rende una delle creature più sorprendenti del regno animale, un vero e proprio camaleonte dell'aria.

3. Il Polpo Mimetico: Il Re del Travestimento

Il polpo mimetico può cambiare colore e la forma della sua pelle in meno di un secondo! Questo gli permette di nascondersi molto bene, diventando quasi invisibile. Ha delle cellule speciali chiamate cromatofori che lo aiutano a cambiare colore velocemente, così può nascondersi dai predatori o sorprendere le sue prede.

4. Il Falco Pellegrino: Il Pilota Supersonico

Il falco pellegrino è l'uccello più veloce del cielo. Durante la caccia, si tuffa verso il basso a una velocità che può raggiungere i 320 km all'ora, più veloce di una macchina da corsa! Usa questa velocità incredibile per colpire le prede in volo, catturandole con una precisione sorprendente.

5. Il Ragno Tessitore d'Oro: L'Ingegnere dei Filati

Questo ragno fa una seta dorata che è più forte dell'acciaio e può allungarsi molto senza rompersi. Questa seta speciale non è solo utile per catturare insetti; gli umani la stanno studiando per fare cose come giubbotti antiproiettile più leggeri e fili per cucire ferite che guariscono meglio.

SPETTACOLI DELLA NATURA

La natura è il palcoscenico di alcuni degli spettacoli più straordinari e mozzafiato che il mondo ha da offrire. Dai cieli notturni illuminati da miliardi di stelle a spettacoli di luci naturali sulla Terra, questi fenomeni non solo incantano gli occhi ma anche stimolano la nostra curiosità e voglia di esplorare. Scopriamo insieme alcune delle meraviglie più incredibili del nostro pianeta.

6. L'Aurora Boreale: Il Balletto di Luci Polari

L'aurora boreale, conosciuta anche come le luci del nord, è uno spettacolo di luci colorate che si può vedere nel cielo delle regioni polari. Queste luci magiche si formano quando le particelle cariche del Sole colpiscono l'atmosfera terrestre. Il cielo si illumina di verdi, rossi, viola e blu, danzando come un velo misterioso che cambia forma e colore.

7. L'Arcobaleno Circumzenitale: Il Sorriso del Cielo

Questo raro e bellissimo fenomeno è come un arcobaleno che si forma vicino al sole quando è alto nel cielo. Non è bagnato di pioggia, ma di cristalli di ghiaccio nelle nuvole alte. L'arco circumzenitale appare più colorato dell'arcobaleno comune perché i raggi solari passano attraverso i cristalli di ghiaccio in un modo che aumenta la loro separazione cromatica.

8. Le Colonne di Basalto della Giant's Causeway: La Pavimentazione dei Giganti

In Irlanda del Nord, si trova una formazione naturale di colonne di basalto così perfettamente geometriche che sembrano essere state scolpite dall'uomo. Queste colonne sono in realtà il risultato di un antico flusso di lava che si è raffreddato molto velocemente, cristallizzandosi in forme esagonali quasi perfette.

9. I Vulcani di Fango: Geyser Freddi che Erucono

I vulcani di fango non sono come i normali vulcani di roccia fusa, ma sono creati dal gas metano e dall'acqua che si

mischiano con sedimenti fino a formare fango. Questo fango viene poi spinto verso l'alto dalla pressione del gas, creando collinette che eruttano periodicamente fango freddo. Sono spettacoli affascinanti e meno pericolosi dei vulcani tradizionali, ma ugualmente impressionanti.

EROI DELL'ECOLOGIA

Gli eroi dell'ecologia non indossano mantelli o maschere, ma sono essenziali per proteggere e mantenere l'equilibrio dei nostri ecosistemi. Questi eroi possono essere grandi o piccoli, dalla maestosa balena blu agli umili lombrichi nel suolo. Ognuno di loro gioca un ruolo cruciale nel preservare la salute del nostro pianeta. Scopriamo insieme come queste creature contribuiscono a salvare il mondo naturale.

10. Le Balene: Giganti del Mare che Fertilizzano gli Oceani

Le balene, con le loro dimensioni imponenti, sono più di semplici creature maestose degli oceani; sono vitali per l'ecosistema marino. Quando si nutrono nelle profondità e poi risalgono in superficie, le balene portano con sé nutrienti che fertilizzano le acque. Questo processo aiuta a sostenere la crescita del plancton, che non solo serve da base per la catena alimentare marina, ma è anche un importante assorbitore di CO_2, combattendo il riscaldamento globale.

11. Le Api: Impollinatrici Supreme del Mondo Vegetale

Le api giocano un ruolo essenziale nell'agricoltura e negli ecosistemi naturali come impollinatrici. Circa il 70% delle colture che usiamo per cibo dipende dalle api per la pollinazione. Senza di loro, molti dei nostri alimenti preferiti sarebbero molto più rari e più costosi, e la varietà di piante e fiori nei nostri habitat naturali soffrirebbe enormemente.

12. I Castori: Ingegneri degli Ecosistemi Fluviali

I castori sono noti per la loro abilità di costruire dighe nei corsi d'acqua, ma queste strutture sono molto più che semplici case. Le dighe dei castori creano stagni e zone umide che supportano una biodiversità incredibilmente ricca, agendo come filtri naturali che migliorano la qualità dell'acqua e riducono le piene, proteggendo così gli habitat a valle.

13. Gli Elefanti: Architetti delle Foreste

Gli elefanti sono essenziali per mantenere l'equilibrio ecologico delle foreste e delle savane. Con la loro alimentazione, gli elefanti aiutano a controllare la densità della vegetazione, creando spazi per nuove piante e alberi a crescere. Inoltre, i semi passati attraverso il loro sistema digestivo germinano meglio, il che significa che gli elefanti contribuiscono significativamente alla dispersione delle piante.

14. I Lombrichi: Custodi del Suolo

I lombrichi sono tra i più importanti decompositori in molti ecosistemi terrestri. Lavorano sottoterra per decomporre la materia organica, arricchendo il suolo con nutrienti essenziali e mantenendolo fertile. Il loro lavoro di aerazione del suolo migliora anche la struttura del terreno, che è vitale per la crescita delle piante.

IL MONDO MICROSCOPICO

Il mondo microscopico è un universo invisibile agli occhi nudi, ma è vitale per la vita sulla Terra come la conosciamo. Questo mondo è abitato da organismi così piccoli che milioni di essi potrebbero stare su un'unica punta di spillo. Questi microorganismi svolgono funzioni essenziali che sostengono gli ecosistemi, influenzano il clima e mantengono in equilibrio i cicli naturali della Terra. Esploriamo alcune delle meraviglie più sorprendenti del mondo microscopico.

15. Plankton: Fondamenta dell'Ecosistema Oceanico

Il plankton è composto da piccolissimi organismi vegetali (fitoplankton) e animali (zooplankton) che fluttuano nelle correnti oceaniche. Questi esseri minuscoli sono la base della catena alimentare marina, fornendo cibo a una vasta gamma di animali più grandi, dai piccoli pesci fino alle grandi balene. Il fitoplankton è anche un campione nella fotosintesi, producendo più ossigeno di tutte le foreste tropicali combinate.

16. Batteri Mangia-Olio: Pulitori Naturali dei Mari

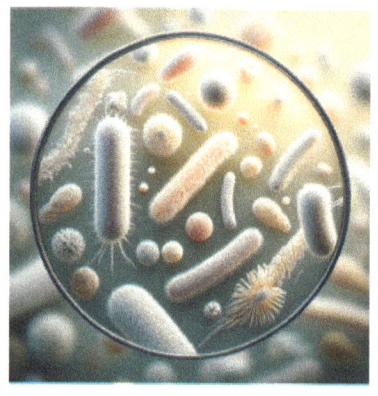

I batteri mangia-olio svolgono un ruolo cruciale nella biodegradazione degli idrocarburi, che sono i principali componenti del petrolio. In caso di disastri petroliferi, questi microscopici eroi si mettono al lavoro per decomporre l'olio versato, aiutando a purificare l'acqua e a limitare i danni ambientali. Senza di loro, gli impatti di tali disastri sarebbero molto più devastanti e di lunga durata.

17. Miceti: Architetti Fungini del Suolo

I funghi, o miceti, non solo contribuiscono a decomporre la materia organica morta, ma formano anche reti sotterranee chiamate micorrize. Queste reti aiutano le piante a assorbire acqua e nutrienti più efficacemente. In cambio, le piante forniscono ai funghi carboidrati derivati dalla fotosintesi. Questa simbiosi è essenziale per la salute delle foreste e degli altri ecosistemi terrestri.

18. Virus: Modellatori Invisibili dell'Evoluzione

Anche se spesso li consideriamo come cause di malattie, i virus hanno un ruolo complesso e cruciale nell'evoluzione e nella biodiversità. Attraverso il trasferimento orizzontale di geni, i virus possono introdurre nuove informazioni genetiche nelle specie ospiti, accelerando l'evoluzione e aumentando la diversità genetica. Questo processo ha profonde implicazioni per la medicina, l'agricoltura e la biologia ambientale.

MISTERI DELL'UNIVERSO

L'universo è un vasto spazio pieno di stelle, pianeti, galassie e molti misteri che anche gli scienziati faticano a comprendere completamente. È come una grande avventura spaziale che ci invita a esplorare e scoprire nuove meraviglie che sfidano la nostra immaginazione. Prepariamoci a viaggiare tra le stelle e oltre per scoprire alcuni dei segreti più affascinanti del cosmo.

19. Buchi Neri: Gli Ingoiatori di Luce

I buchi neri sono come aspirapolvere cosmici che ingoiano tutto, anche la luce! Si formano quando una stella molto grande crolla su se stessa, creando un punto nel cosmo dove la gravità è così forte che nulla può sfuggire, neanche i raggi di luce. I buchi neri sono misteriosi perché non possiamo vederli direttamente, ma gli scienziati possono studiare come influenzano le stelle e la polvere intorno a loro.

20. Le Galassie: Città di Stelle

Le galassie sono enormi spazi pieni di stelle, polvere e gas, un po' come le grandi città per gli umani, ma per le stelle. La nostra galassia si chiama Via Lattea e contiene fino a 400 miliardi di stelle! Alcune galassie hanno forme spirali con bellissimi bracci che si avvolgono intorno a loro, mentre altre sono più come grandi palloni di stelle chiamate galassie ellittiche.

21. Le Stelle Cadenti: Meteoriti Illuminati

Le "stelle cadenti" non sono vere stelle, ma piccoli pezzi di roccia che bruciano quando entrano nell'atmosfera terrestre. Quando queste rocce, chiamate meteoriti, sfrecciano attraverso il cielo, si scaldano a causa dell'attrito con l'aria e illuminano la notte. Fare un desiderio su una stella cadente è un divertente gioco che persone di tutte le età amano fare durante le notti serene.

22. L'Eclissi Solare: Il Gioco di Nascondino Celeste

Un'eclissi solare avviene quando la Luna si muove esattamente tra la Terra e il Sole, coprendo il Sole e gettando un'ombra sulla Terra. È come se la Luna giocasse a nascondino con il Sole, oscurandolo brevemente durante il giorno. Questo evento spettacolare crea un'improvvisa oscurità in pieno giorno e può essere visto da specifiche parti del mondo.

SEGRETI DEL MARE PROFONDO

Il mare profondo è uno dei luoghi più misteriosi e meno esplorati del nostro pianeta. Coperto dalle tenebre e dalle acque fredde, nasconde creature straordinarie e paesaggi che sembrano provenire da un altro mondo. Prepariamoci a immergerci nelle profondità oscure degli oceani per scoprire alcuni dei segreti più affascinanti e sorprendenti che si nascondono sotto la superficie del mare.

23. I Denti del Drago: I Pesci Abissali con Denti di Vetro

I pesci abissali, come il pesce drago, hanno alcuni dei tratti più bizzarri del regno animale. I loro denti sono fatti di un materiale trasparente che assomiglia al vetro. Questi denti non solo sono affilatissimi ma anche quasi invisibili, perfetti per catturare prede scivolose nel buio totale delle profondità marine.

24. Il Calamaro Gigante: Il Misterioso Gigante delle Profondità

Il calamaro gigante è una delle creature più elusive del mare profondo. Può raggiungere una lunghezza di 13 metri, quasi quanto un autobus! Questi calamari vivono così in fondo al mare che sono raramente visti dagli umani. Usano i loro grandi occhi, alcuni dei più grandi del regno animale, per vedere nella completa oscurità delle profondità oceaniche.

25. I Venti Freddi: Cascate Sottomarine

Nelle profondità degli oceani, accadono fenomeni sorprendenti come le cascate sottomarine. Queste "cascate" sono in realtà correnti di acqua fredda e densa che scendono lungo le pendici continentali, simili a fiumi che scorrono sotto il mare. Sono cruciali per trasportare ossigeno e nutrienti alle profonde regioni oceaniche, sostenendo la vita in questi ambienti estremi.

26. Le Montagne Sottomarine: I Vulcani Nascosti

Sotto la superficie dell'oceano ci sono montagne più alte di quelle sulla terraferma, chiamate montagne sottomarine o vulcani sottomarini. Alcuni di questi vulcani sono attivi e possono eruttare, formando nuove montagne o addirittura nuove isole! Questi vulcani giocano un ruolo importante nel formare il fondale marino e creare nuovi habitat per la vita marina.

FENOMENI METEOROLOGICI ESTREMI

Il tempo può comportarsi in modi davvero selvaggi e sorprendenti! Dai tornado che danzano sulle praterie ai fulmini che illuminano il cielo, i fenomeni meteorologici estremi sono non solo spettacolari da vedere ma anche importanti per comprendere come funziona il nostro pianeta.

27. Super Tempeste: I Giganti del Cielo

Le super tempeste, o supercelle, sono enormi tempeste che possono produrre i tornado più forti e i fulmini più spaventosi. Queste tempeste gigantesche hanno una rotazione interna che le rende particolarmente organizzate e durature, in grado di coprire grandi aree con la loro incredibile forza.

28. Tornado: I Ballerini del Vento

I tornado sono colonne d'aria che si muovono molto velocemente e toccano il terreno. Sembrano grandi tronchi che girano velocemente dal cielo alla terra. I tornado possono essere molto potenti e sono capaci di spostare cose grandi come macchine o persino case. Si formano quando aria calda e fredda si incontrano e creano un vortice.

29. Fulmini di Catatumbo: Lo Spettacolo di Luce Continuo

Nel Venezuela, sopra il lago di Maracaibo, si verifica un fenomeno straordinario quasi tutte le notti. I fulmini di Catatumbo sono un'incessante serie di lampi che possono durare fino a 10 ore ogni notte! Questo spettacolo di luci naturali è così intenso che può essere visto da molto lontano e serve anche come un faro naturale per le navi.

30. Neve Rossa: Il Mistero Colorato dei Poli

La neve rossa, o "sangue della neve", è un fenomeno curioso che avviene principalmente nelle regioni polari. Questa neve prende un colore rosso a causa di un tipo di alga che prospera nel freddo. Queste alghe producono un pigmento rosso che protegge loro dal sole, colorando così la neve circostante.

PIANTE STRAORDINARIE

Il mondo delle piante è pieno di magie e misteri. Alcune piante possono fare cose incredibili come mangiare insetti, muoversi quando le tocchi, o persino brillare nel buio! Le piante non solo rendono il nostro pianeta bello, ma aiutano a pulire l'aria e offrono cibo e riparo a molti animali, inclusi noi umani. Scopriamo insieme alcune delle piante più straordinarie della Terra.

31. La Venus Flytrap: La Pianta Mangia-Insetti

La Venus Flytrap è una pianta molto particolare che può mangiare insetti! Ha foglie che si chiudono velocemente quando qualcosa le tocca. Le foglie hanno piccoli "peli" che, se toccati due volte, fanno chiudere la foglia, intrappolando l'insetto all'interno. La pianta poi digerisce l'insetto per ottenere nutrienti importanti dal suo corpicino.

32. Il Girasole: Il Seguace del Sole

Il girasole è famoso per i suoi grandi fiori gialli che sembrano piccoli soli. Questa pianta è speciale perché durante la giornata muove il suo fiore per seguire il sole nel cielo, un movimento chiamato eliotropismo. Questo aiuta il girasole a ottenere il massimo della luce solare per crescere sano e forte.

33. La Mimosa Pudica: La Pianta Timida

La Mimosa Pudica è affascinante per la sua capacità di muovere rapidamente le sue foglie in risposta al tocco. Se tocchi le foglie di questa pianta, si piegheranno e chiuderanno immediatamente. Questo movimento è un modo per proteggersi da animali che potrebbero mangiarla. Le foglie si riapriranno da sole dopo qualche minuto.

34. L'Albero del Drago: Il Sangue Rosso della Natura

L'Albero del Drago, originario delle isole Canarie, è noto per il suo "sangue", una resina rossa che fuoriesce dalle sue ferite. Questa resina è stata usata nei secoli per fare vernici e medicine. L'albero ha una forma molto strana con un tronco spesso e una corona di rami che si estendono quasi orizzontalmente.

35. Il Fungo Bioluminescente: La Luce nel Buio della Foresta

Alcuni funghi hanno la sorprendente capacità di brillare nel buio. Questi funghi bioluminescenti emettono una luce verde-blu per attrarre gli insetti che aiutano a diffondere le loro spore. Questo fenomeno è particolarmente magico da vedere nelle notti di foresta, dove sembra che il suolo sia cosparso di stelle cadute dal cielo.

ANIMALI NOTTURNI

Quando il sole tramonta e il buio avvolge il mondo, inizia la vita segreta degli animali notturni. Queste creature speciali hanno sviluppato sorprendenti abilità per vedere, cacciare e navigare nell'oscurità, permettendo loro di vivere nelle ore in cui molti di noi stanno dormendo. Scopriamo insieme come queste creature si adattano alla vita notturna e quali segreti nascondono.

36. Il Gufo: I Grandi Occhi della Notte

I gufi sono famosi per i loro grandi occhi che brillano nel buio. Questi occhi non sono solo grandi ma anche molto potenti, permettendo al gufo di vedere prede anche quando è quasi completamente buio. Inoltre, hanno un udito eccezionale che gli permette di sentire anche il più piccolo fruscio di un topo nell'erba.

37. Il Pipistrello: L'Eco-Localizzatore Volante

I pipistrelli usano un superpotere chiamato ecolocazione per trovare il cibo al buio. Emettono suoni che rimbalzano sugli oggetti intorno a loro e ascoltano l'eco di questi suoni per sapere dove si trovano le cose e anche come sono fatte. Questo li aiuta a volare velocemente tra gli alberi e a catturare insetti al volo senza mai sbattere.

38. La Volpe del Deserto: Le Orecchie del Silenzio

Le volpi del deserto hanno orecchie molto grandi rispetto al loro corpo. Queste grandi orecchie non solo le aiutano a raffreddarsi nelle calde notti del deserto, ma sono anche essenziali per sentire i piccoli animali che si muovono sotto la sabbia. Le loro orecchie sono così sensibili che possono udire un piccolo animale che cammina sottoterra.

39. Il Tasso: L'Architetto Notturno

I tassi sono creature notturne che passano molto tempo a scavare complesse reti di tunnel sotterranei, chiamate tane. Durante la notte, escono per cercare cibo, che può includere tutto da piccoli animali a frutta caduta. I loro forti artigli li rendono scavatori eccellenti, capaci di creare abitazioni sotterranee dove vivere e ripararsi.

40. Il Lupo della Prateria: Il Cantore Sotto le Stelle

Nonostante il nome, i lupi della prateria sono in realtà roditori molto sociali che vivono in vasti sistemi di gallerie sotterranee. Sono attivi principalmente di notte, quando si può sentire il loro caratteristico ululato che utilizzano per comunicare con la colonia. Questi suoni possono indicare pericolo, trovare un partner o semplicemente rafforzare i legami sociali.

ECOSISTEMI INSOLITI

Il nostro pianeta è pieno di luoghi sorprendenti dove la vita si è adattata in modi che difficilmente potremmo immaginare. Alcuni ecosistemi sono così unici e strani che sembrano usciti da un libro di fantascienza, ma sono molto reali e ci mostrano quanto la natura possa essere creativa. Scopriamo insieme alcuni dei più straordinari e insoliti ecosistemi della Terra.

41. Le Montagne Colorate: Il Deserto Dipinto

In Perù, c'è una montagna chiamata Vinicunca o Montagna Arcobaleno. Queste montagne sono incredibilmente colorate a causa dei minerali diversi che contengono. Il rosso è per l'ossido di ferro, il verde per il rame, e così via. Questo paesaggio sembra una tela dipinta e attira molti turisti e scienziati interessati a studiare questi fenomeni naturali unici.

42. Le Caverne di Cristallo: Le Meraviglie Sotterranee

Nel Messico, sotto una delle miniere più vecchie, si trova la Caverna dei Cristalli. Questa caverna è famosa per i suoi enormi cristalli di selenite, alcuni dei quali sono lunghi fino a 12 metri. L'ambiente estremo della caverna—molto caldo e umido—è ideale per la formazione di questi cristalli giganti, che sono tra i più grandi mai scoperti.

43. I Giardini Sottomarini di Corallo: Foreste nel Mare

I giardini di corallo sono ecosistemi sottomarini trovati in acque calde poco profonde. Sono composti da coralli che costruiscono strutture intricate che formano la base per una biodiversità ricchissima. Questi giardini non solo sono belli da vedere, ma sono essenziali per la vita marina, fornendo cibo e rifugio a migliaia di specie marine.

44. Il Bosco Pietrificato: Alberi Trasformati in Pietra

Il Bosco Pietrificato in Arizona è un luogo dove gli alberi antichi sono stati trasformati in pietra. Milioni di anni fa, questi alberi furono sepolti rapidamente da sedimenti ricchi di minerali che li hanno conservati trasformandoli in fossili di silice. Oggi, questo parco mostra paesaggi alieni di colori vivaci e alberi pietrificati che raccontano la storia della Terra molto prima che gli umani apparissero.

ADATTAMENTI ANIMALI INCREDIBILI

Gli animali di tutto il mondo hanno sviluppato straordinarie capacità per sopravvivere negli ambienti più duri del nostro pianeta. Questi adattamenti non solo sono affascinanti, ma dimostrano l'ingegnosità della natura nel trovare soluzioni per ogni tipo di sfida. Scopriamo insieme come alcuni animali sono diventati maestri dell'adattamento.

45. Il Cammello: Il Sopravvissuto del Deserto

Il cammello è l'esperto della sopravvivenza nel deserto. Può bere fino a 100 litri d'acqua in una sola volta e il suo corpo può sopportare grandi variazioni di temperatura, essenziali per vivere in un luogo dove il calore diurno è torrido e le notti sono gelide. Inoltre, i cammelli hanno ciglia spesse e palpebre che li proteggono dalla sabbia del deserto.

46. L'Orso Polare: Il Gigante del Ghiaccio

L'orso polare ha adattamenti incredibili per il freddo estremo dell'Artico. Il suo folto pelo trasparente trattiene il calore e la sua pelle nera assorbe l'energia solare, mentre uno strato di grasso spesso fino a 10 cm lo isola dal freddo glaciale. Anche i suoi piedi grandi gli aiutano a camminare sulla neve senza affondare, come se avesse dei naturali racchette da neve.

47. Il Tucano: Il Portatore di Becco Colorato

Il tucano, noto per il suo enorme becco colorato, utilizza questo strumento non solo per attrarre un compagno ma anche per raccogliere cibo in luoghi difficili da raggiungere. Il becco è

leggero ma molto resistente, perfetto per afferrare frutti da rami sottili che non reggerebbero il peso dell'uccello se si posasse su di essi.

48. La Rana di Vetro: L'Invisibile della Giungla

La rana di vetro ha la pelle trasparente che permette di vedere i suoi organi interni. Questo incredibile trucco di invisibilità la rende quasi indetectabile ai predatori nella densa giungla, offrendole una grande protezione. Vivere nascosti in vista di tutti è un modo sorprendente per stare al sicuro!

CICLI DI VITA UNICI

Il ciclo di vita di un animale descrive il modo in cui cresce e cambia dalla nascita alla morte. Alcuni animali hanno cicli di vita così strani e sorprendenti che ci fanno meravigliare di quanto sia incredibile la natura. Dalle trasformazioni magiche delle farfalle ai lunghi viaggi degli uccelli migratori, esploriamo insieme alcuni dei cicli di vita più unici del regno animale.

49. La Farfalla Monarca: La Viaggiatrice dell'Aria

La farfalla Monarca è famosa per il suo ciclo di vita che include una delle migrazioni più lunghe tra tutti gli insetti. Nasce come un piccolo uovo, poi diventa una bruco affamato, e dopo un periodo dentro un bozzolo, emerge come una bellissima farfalla. Queste farfalle viaggiano migliaia di chilometri dal Canada al Messico ogni anno, un viaggio straordinario che si ripete con ogni nuova generazione.

50. Il Ciclo di Vita del Salmone: Il Nuotatore Controcorrente

Il salmone passa la maggior parte della sua vita negli oceani ma ritorna al fiume dove è nato per la riproduzione.

Questo viaggio di ritorno è incredibile: il salmone nuota controcorrente, superando ostacoli e cascate, per raggiungere il luogo esatto di nascita. Dopo la deposizione delle uova, il salmone muore, completando così il suo ciclo di vita. Questa dedizione alla prole è un bell'esempio di come la natura programmi gli animali per assicurare la sopravvivenza delle specie.

51. L'Anguilla Europea: Il Mistero degli Oceani

L'anguilla europea ha un ciclo di vita che ancora confonde gli scienziati. Nasce nelle profondità del Mare dei Sargassi nell'Oceano Atlantico, poi viaggia migliaia di chilometri fino ai fiumi d'Europa dove cresce. Dopo molti anni, ritorna al Mare dei Sargassi per riprodursi e poi morire. Questo lungo viaggio attraverso oceani e fiumi è uno dei più enigmatici nel mondo animale.

52. La Medusa Immortale: Il Segreto dell'Eterna Giovinezza

La medusa Turritopsis, conosciuta come la medusa immortale, ha un ciclo di vita che può teoricamente non finire mai. Quando questa medusa raggiunge la maturità o si ammala, può trasformarsi di nuovo in polipo, il suo stadio giovanile, iniziando di nuovo il suo ciclo di vita. Questa capacità di rigenerarsi continuamente la rende unica nel regno animale e oggetto di studi sulla longevità e la rigenerazione.

DINOSAURI E FOSSILI

I dinosauri sono creature affascinanti che hanno camminato sulla Terra milioni di anni fa, molto prima degli esseri umani. Anche se non sono più tra noi, hanno lasciato dietro di sé fossili che ci aiutano a scoprire come vivevano e come era il mondo in quel tempo lontano. Immaginiamo di fare un viaggio nel tempo per esplorare alcuni segreti dei dinosauri e dei loro amici fossilizzati.

53. Il Tyrannosaurus Rex: Il Re dei Dinosauri

Il Tyrannosaurus Rex, spesso chiamato T-Rex, era uno dei predatori più temibili di tutti i tempi. Aveva denti grandi come banane e una morsa così forte che poteva schiacciare un'auto! Nonostante le sue braccia piccoline, il T-Rex era il terrore dei dinosauri erbivori grazie al suo incredibile senso dell'olfatto e alla sua velocità sorprendente.

54. Il Triceratops: Il Difensore Cornuto

Il Triceratops è famoso per i suoi tre corni sulla testa e il grande "collare" osseo che proteggeva il suo collo dai predatori come il T-Rex. Questi grandi erbivori vivevano in gruppi e potevano usare i loro corni non solo per difendersi ma anche per combattere tra loro durante la stagione degli amori.

55. L'Apatosaurus: Il Gigante Gentile

L'Apatosaurus, una volta chiamato Brontosauro, era un dinosauro gigante che poteva raggiungere lunghezze di oltre 20 metri. Nonostante la sua grandezza, si nutriva solo di piante e aveva un lungo collo che gli permetteva di raggiungere le foglie alte degli alberi. Questi giganti gentili vivevano in branchi per proteggersi dai predatori.

56. L'Archaeopteryx: Il Ponte tra Dinosauri e Uccelli

L'Archaeopteryx è uno dei fossili più importanti mai scoperti perché mostra caratteristiche sia dei dinosauri che degli uccelli moderni. Con le sue ali piumate e i denti affilati, questo piccolo dinosauro ci aiuta a capire come gli uccelli si sono evoluti dai dinosauri.

57. Il Velociraptor: Il Predatore Agile

Contrariamente alla loro rappresentazione nei film, i Velociraptor erano della grandezza di un tacchino e coperti di piume. Eran molto agili e intelligenti, cacciavano in gruppi e usavano le loro lunghe artigli affilati per afferrare le prede. Questi piccoli ma formidabili predatori dimostrano come la velocità e l'astuzia possano essere altrettanto temibili come la taglia.

IL CORPO UMANO

Il corpo umano è una meraviglia della natura, pieno di segreti e sorprese. Ogni parte del nostro corpo, dalle punte dei capelli fino alle unghie dei piedi, ha una funzione speciale che ci aiuta a vivere, giocare e imparare ogni giorno. Scopriamo insieme alcune delle cose più incredibili e interessanti sul nostro corpo.

58. Il Cuore: La Pompa della Vita

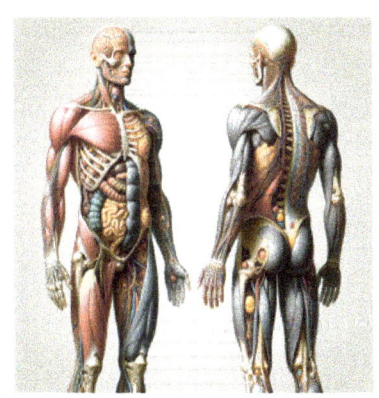

Il cuore è una pompa molto potente nel nostro corpo che batte circa 100.000 volte al giorno. Ogni battito manda il sangue in giro per il corpo, portando ossigeno e nutrimento a tutte le nostre cellule. Senza il cuore, gli altri organi non potrebbero lavorare perché non riceverebbero l'ossigeno necessario per vivere.

59. I Polmoni: I Sacchi dell'Aria

I nostri polmoni sono come grandi sacchi che si riempiono d'aria ogni volta che respiriamo. Ogni giorno, respiriamo circa 20.000 volte, e i nostri polmoni aiutano a prendere l'ossigeno dall'aria e a liberare il corpo dall'anidride carbonica, un rifiuto che le nostre cellule non vogliono. È come se i polmoni facessero la pulizia dentro di noi!

60. Il Cervello: Il Capo dei Comandi

Il cervello è il centro di comando del corpo. Controlla quasi tutto, dal ricordare il nome del tuo migliore amico, al far muovere i tuoi piedi mentre corri. È super impegnato tutto il tempo, anche quando dormi. Il cervello è così importante che ha una speciale protezione data dal cranio, una scatola dura che lo tiene al sicuro.

61. Gli Occhi: Le Finestre del Mondo

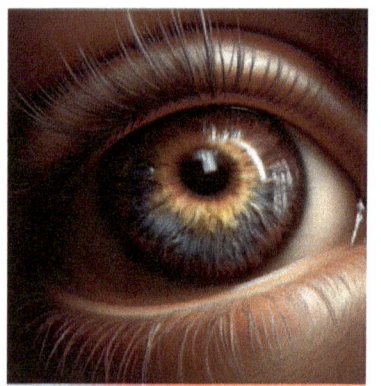

Gli occhi ci permettono di vedere il mondo. Funzionano un po' come delle fotocamere viventi. Captano la luce e la trasformano in immagini che il nostro cervello può capire. E sapevi che le lacrime aiutano a tenere gli occhi puliti? Ogni volta che pisci gli occhi, le lacrime lavano via polvere o piccoli detriti.

62. La Pelle: Il Mantello Protettivo

La pelle è l'organo più grande del corpo. Protegge tutto ciò che è dentro di noi e ci aiuta a sentire il mondo esterno tramite il tatto. La pelle regola anche la temperatura del corpo, assicurandosi che non abbiamo troppo caldo o troppo freddo. E quando ci tagliamo, la pelle è bravissima a ripararsi da sola.

TECNOLOGIE PER LA SALVAGUARDIA DELLA NATURA

Nel mondo di oggi, usiamo la tecnologia non solo per divertirci o per fare i compiti, ma anche per aiutare a proteggere l'ambiente. Queste tecnologie avanzate possono fare cose incredibili come monitorare gli animali in via di estinzione, pulire l'aria, e persino creare energia senza inquinare. Vediamo insieme alcune delle tecnologie più sorprendenti che stanno aiutando il nostro pianeta.

63. Droni per la Natura: Gli Occhi nel Cielo

I droni sono piccoli velivoli che possono volare alto nel cielo senza un pilota a bordo. Gli scienziati li usano per tenere d'occhio grandi aree di foresta, spiagge dove nidificano le tartarughe, e altri luoghi importanti per la natura. Possono vedere se gli alberi vengono tagliati illegalmente o se ci sono animali in pericolo, aiutando così a proteggere questi spazi preziosi.

64. Robot Raccogli Rifiuti: I Pulitori degli Oceani

Ci sono dei robot speciali che sono stati creati per raccogliere rifiuti dall'acqua, specialmente i pezzi di

plastica che possono inquinare gli oceani e fare male agli animali marini. Questi robot possono navigare attraverso le acque, raccogliendo plastica e altri inquinanti, aiutando a mantenere gli oceani puliti e sicuri per la vita marina.

65. Energia Solare: Il Potere del Sole

I pannelli solari catturano la luce del sole e la trasformano in energia elettrica. Questa è una fonte di energia pulita, il che significa che non produce inquinamento o gas che possono fare male all'ambiente. Usare più energia solare significa meno inquinamento e un pianeta più pulito per tutti.

QUIZ: TESTA LA TUA CONOSCENZA SU SCIENZA E NATURA

Domanda 1: Che cosa permette al Polpo Mimetico di cambiare colore e forma della pelle?

- A) Luce solare
- B) Cromatofori
- C) Ecolocazione
- D) Bio-luminescenza

Domanda 2: Qual è la velocità massima che può raggiungere il Falco Pellegrino durante la caccia?

- A) 160 km/h
- B) 240 km/h
- C) 320 km/h
- D) 400 km/h

Domanda 3: Qual è la caratteristica speciale della farfalla Urano che le permette di mimetizzarsi durante il volo?

- A) Ha ali che cambiano colore da blu a rosso in volo.
- B) Può volare più velocemente di qualsiasi altro insetto.
- C) Ha ali che sembrano foglie morte quando sono chiuse.
- D) Emite un suono che confonde i predatori.

Domanda 4: Quale fenomeno naturale è noto come "Il Balletto di Luci Polari"?

- A) L'Arcobaleno Circumzenitale
- B) L'Aurora Boreale
- C) I Fulmini di Catatumbo
- D) L'Eclissi Solare

Domanda 5: Per quale motivo le balene sono considerate importanti per l'ecosistema marino?

- A) Producono ossigeno

- B) Fertilizzano le acque con nutrienti
- C) Consumano grandi quantità di plastica
- D) Creano correnti marine

Domanda 6: Qual è la peculiarità della Medusa Immortale?

- A) Può vivere senza acqua
- B) Può trasformarsi in polipo
- C) Si nutre di plastica
- D) Emette luce nel buio

Domanda 7: Da cosa sono composte le "stelle cadenti"?

- A) Gas incandescente
- B) Raggi cosmici
- C) Rocce brucianti
- D) Gocce di pioggia luminescenti

Domanda 8: Che cosa fa il Girasole durante il giorno?

- A) Cambia colore
- B) Rilascia profumo
- C) Segue il sole
- D) Si chiude

Domanda 9: Quale animale è noto per la sua abilità di ecolocazione?

- A) Il gufo
- B) Il tucano
- C) Il pipistrello
- D) La rana di vetro

Domanda 10: Qual è la funzione principale dei lombrichi nell'ecosistema?

- A) Impollinazione
- B) Decomposizione della materia organica
- C) Purificazione dell'acqua
- D) Fotosintesi

RISPOSTE:

- Domanda 1: B) Cromatofori
- Domanda 2: C) 320 km/h
- Domanda 3: C) Ha ali che sembrano foglie morte quando sono chiuse
- Domanda 4: B) L'Aurora Boreale
- Domanda 5: B) Fertilizzano le acque con nutrienti
- Domanda 6: B) Può trasformarsi in polipo
- Domanda 7: C) Rocce brucianti
- Domanda 8: C) Segue il sole
- Domanda 9: C) Il pipistrello
- Domanda 10: B) Decomposizione della materia organica

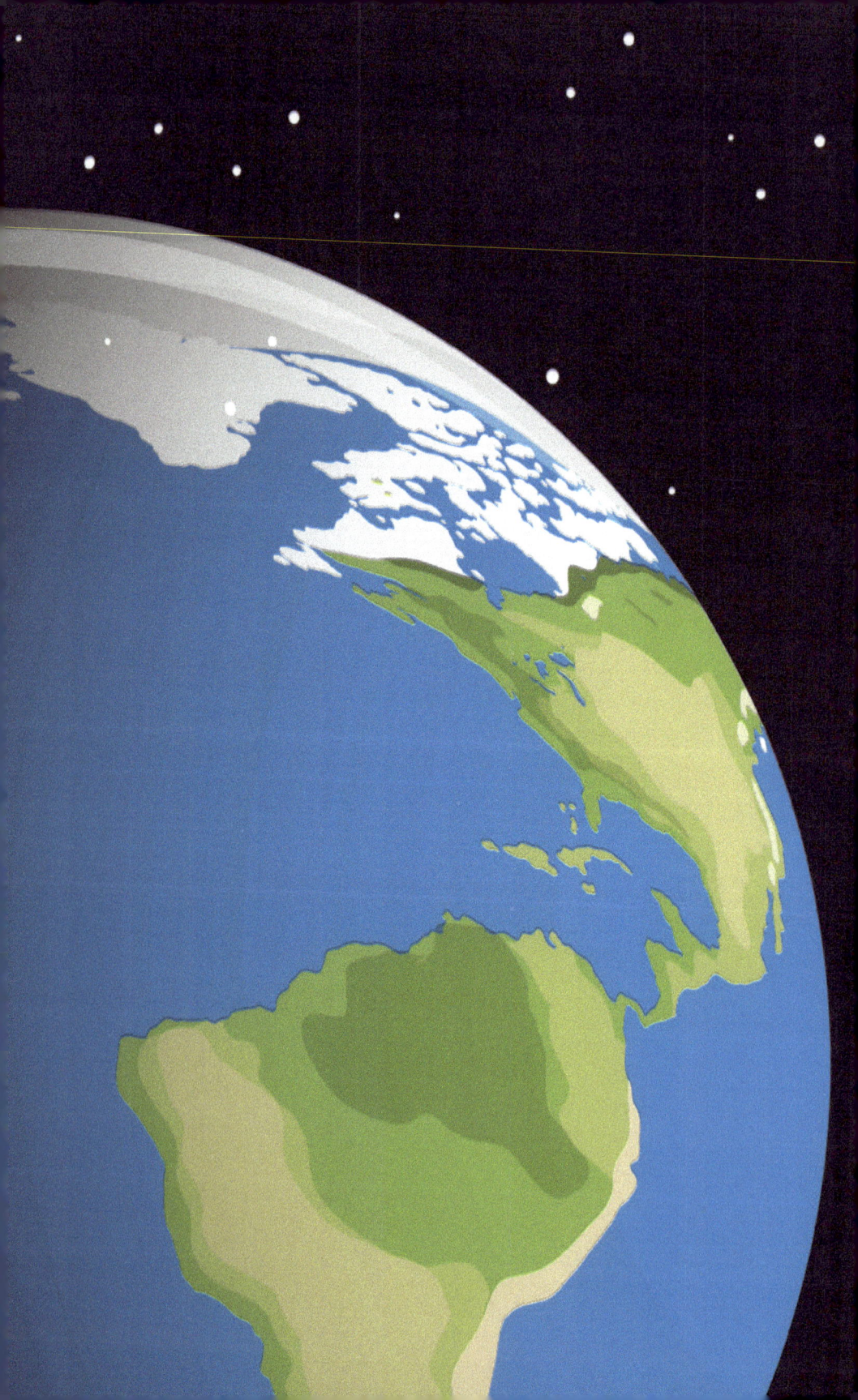

2
TECNOLOGIA E INVENZIONI

MACCHINE PAZZE

L'inventiva umana non ha limiti, specialmente quando si tratta di creare macchine bizzarre e sorprendenti. Dalle auto che possono guidare da sole alle biciclette che volano, scopriamo insieme alcune delle invenzioni più pazze e incredibili che la tecnologia ci ha regalato.

66. Jetpacks: Zaini Che Ti Fanno Volare

Un jetpack è uno zaino molto speciale che può sollevare una persona da terra e farla volare attraverso l'aria. Funziona con motori potenti che spingono verso il basso, permettendo a chi lo indossa di librarsi nei cieli. Immagina di poter saltare sopra al traffico o di arrivare a scuola volando!

67. Veicoli Subacquei Personalizzati: Esplora i Fondali Marini

I veicoli subacquei personalizzati sono come mini sottomarini che permettono anche a chi non è un esperto di immersioni di esplorare il mare. Utilizzando uno di questi veicoli, puoi navigare tra i fondali marini e osservare da vicino pesci, coralli e altre meraviglie del mondo sottomarino.

Questi veicoli offrono un modo semplice e sicuro per scoprire tesori nascosti sotto le onde e vivere avventure sottomarine uniche.

68. Auto Senza Pilota: Le Auto che Guidano da Sole

Le auto senza pilota, o auto autonome, sono veicoli speciali che possono guidare per la strada senza aiuto di una persona. Usano computer, sensori e telecamere per vedere la strada e decidere quando girare, fermarsi o accelerare. Queste macchine sono come robot su ruote che possono portarci dove vogliamo andare mentre noi ci rilassiamo e giochiamo.

INVENTORI DA RECORD

Dietro ogni grande invenzione, c'è un inventore con un'idea brillante. Alcuni di questi inventori hanno creato cose che hanno cambiato il mondo in modi grandi e piccoli. Scopriamo insieme alcune delle storie più incredibili e degli inventori che hanno fatto la storia con le loro idee geniali.

69. Thomas Edison: L'Uomo che Illuminò il Mondo

Thomas Edison è uno degli inventori più famosi di tutti i tempi. È noto soprattutto per aver perfezionato la lampadina elettrica, rendendo possibile avere luce nelle case di tutti senza usare candele o lampade a olio. Edison non si fermò qui; ha inventato o migliorato oltre un migliaio di altre cose, come il fonografo per ascoltare musica e il proiettore cinematografico per vedere film.

70. Wright Brothers: I Padri del Volo Moderno

Orville e Wilbur Wright, conosciuti come i fratelli Wright, sono famosi per aver costruito e volato il primo aeroplano controllabile e motorizzato nel 1903. Questo primo volo breve ha aperto la strada all'aviazione moderna, rendendo possibile viaggiare rapidamente da un continente all'altro e esplorare ogni angolo del mondo.

71. Alexander Graham Bell: L'Inventore del Dialogo a Distanza

Alexander Graham Bell è famoso per aver inventato il telefono nel 1876, cambiando per sempre il modo in cui le persone comunicano. Prima del telefono, l'unico modo per parlare con qualcuno lontano era scrivere lettere che potevano impiegare giorni o settimane per arrivare. Con il telefono, le persone potevano ascoltare la voce di amici e familiari in tempo reale, anche se erano a chilometri di distanza.

72. Nikola Tesla: Il Mago dell'Elettricità

Nikola Tesla era un inventore e un ingegnere elettrico noto per il suo lavoro rivoluzionario sull'energia elettrica. Ha sviluppato la corrente alternata (AC), che è il tipo di elettricità usato in tutto il mondo oggi per alimentare case e aziende. Tesla ha anche ideato il concetto di radio, radar, e persino l'energia senza fili, esplorando idee che erano molto avanti per i suoi tempi.

ROBOTICA AVANZATA

La robotica avanzata ci porta nel futuro con robot che possono fare cose che una volta solo gli umani potevano fare, come operare in ospedali o esplorare pianeti lontani. Scopriamo alcune delle invenzioni più sorprendenti nel campo della robotica che stanno cambiando il modo in cui viviamo, lavoriamo e giochiamo.

73. Esploratori di Marte: I Robot che Camminano su Altri Pianeti

I rover marziani sono robot progettati per esplorare la superficie di Marte. Mandano indietro alla Terra foto e dati

che ci aiutano a capire se c'è stata vita sul pianeta rosso. Grazie a questi robot esploratori, sappiamo molto di più su Marte di quanto conoscevamo prima.

74. Droni di Soccorso: Gli Angeli Custodi Volanti

I droni di soccorso sono usati per trovare e salvare persone in situazioni pericolose, come dopo un terremoto o durante un'alluvione. Volano sopra le aree colpite per individuare persone intrappolate e portare aiuti. Questi droni sono veloci e possono raggiungere posti che sarebbero altrimenti difficili o pericolosi per gli umani.

75. Robot chirurghi: I Dottori del Futuro

I robot chirurghi sono macchine speciali usate dai dottori per aiutarli a fare operazioni molto delicate. Questi robot possono muovere i loro "bracci" in modi che le mani umane non possono, permettendo ai chirurghi di lavorare con precisione incredibile. Questo significa meno tempo in ospedale e una guarigione più veloce per i pazienti.

76. Robot Agricoltori: I Coltivatori del Domani

I robot agricoltori aiutano a piantare, curare e raccogliere i raccolti. Possono lavorare giorno e notte e sono programmati per assicurare che le piante ricevano esattamente l'acqua e i nutrienti di cui hanno bisogno. Questo non solo rende l'agricoltura più efficiente ma aiuta anche a produrre cibo in abbondanza per tutti.

VIAGGI SPAZIALI

Esplorare lo spazio è una delle avventure più eccitanti che la tecnologia e l'invenzione umana abbiano mai intrapreso. Dai razzi che sfrecciano oltre l'atmosfera terrestre alle stazioni spaziali dove gli astronauti vivono e

TECNOLOGIA E INVENZIONI

lavorano, ogni aspetto dei viaggi spaziali è pieno di meraviglie tecnologiche. Vediamo alcune delle innovazioni più straordinarie che ci permettono di esplorare le stelle.

77. La Stazione Spaziale Internazionale: Una Casa tra le Stelle

La Stazione Spaziale Internazionale (ISS) è come un grande laboratorio che orbita attorno alla Terra. Gli astronauti da tutto il mondo vengono qui per fare esperimenti che non potrebbero fare sulla Terra, studiare come vivere nello spazio, e guardare il nostro pianeta da una prospettiva completamente nuova. È un pezzo di casa umana che fluttua nel vuoto dello spazio.

78. Razzi Riutilizzabili: Volare, Atterrare, e Volare Ancora

I razzi riutilizzabili sono una grande invenzione che cambia il modo in cui pensiamo ai viaggi nello spazio. Invece di usare un razzo una sola volta, queste meraviglie tecnologiche possono tornare sulla Terra, atterrare in sicurezza e essere preparati per un altro viaggio. Questo rende i viaggi spaziali molto meno costosi e apre nuove possibilità per esplorare lo spazio più spesso.

79. Telescopi Spaziali: Gli Occhi che Guardano l'Universo

I telescopi spaziali, come il famoso Hubble, sono strumenti incredibili che orbitano attorno alla Terra e guardano più lontano nello spazio di quanto possiamo immaginare. Ci hanno mostrato immagini di stelle che nascono, galassie lontane e persino pianeti in altri sistemi solari. Sono come macchine del tempo che ci mostrano come l'universo appariva milioni di anni fa.

80. Tute Spaziali: I Vestiti per l'Universo

Le tute spaziali sono molto più di semplici vestiti. Sono progettate per proteggere gli astronauti dallo spazio estremo, dove non c'è aria e le temperature possono essere incredibilmente calde o fredde. Queste tute mantengono gli astronauti al sicuro, regolando la temperatura, fornendo ossigeno, e persino proteggendoli dai raggi solari nocivi.

TRASPORTI DEL FUTURO

Il modo in cui ci muoviamo da un posto all'altro sta cambiando rapidamente grazie alle nuove tecnologie. Immagina di viaggiare più veloce che mai, senza inquinare il nostro bel pianeta. Dai treni che levitano ai veicoli che possono andare sott'acqua, esploriamo alcuni dei metodi di trasporto più innovativi e emozionanti del futuro.

81. Auto Anfibie: Dalla Strada all'Acqua senza Cambiare Mezzo

Le auto anfibie sono veicoli speciali che possono guidare sulla strada come un'auto normale, ma possono anche trasformarsi e navigare sull'acqua come una barca. Questo tipo di auto è perfetto per esplorare luoghi dove ci sono molte acque, come laghi o coste marine, senza bisogno di cambiare mezzo di trasporto.

82. Hyperloop: Il Treno Super Veloce

L'Hyperloop è un'idea di treno super veloce che viaggia in tubi pressurizzati. Può muoversi quasi alla velocità dell'aereo perché dentro i tubi c'è pochissima aria, il che riduce l'attrito. Questo significa che potrebbe portarti da una città all'altra in pochissimo tempo, quasi come se stessi volando basso!

83. Veicoli Volanti Personali: Il Sogno di Volare Realizzato

I veicoli volanti personali stanno iniziando a diventare realtà. Questi piccoli aerei o droni grandi possono portare una o due persone e volare sopra il traffico cittadino. Immagina di sollevarti in aria e volare direttamente al tuo destino, saltando tutte le code. È un modo completamente nuovo di pensare ai viaggi quotidiani!

84. Sottomarini Turistici: Esplorare i Misteri del Mare

I sottomarini turistici offrono un modo per esplorare le profondità degli oceani comodamente seduti dentro una

cabina pressurizzata e sicura. Questi sottomarini possono portarti a vedere relitti antichi, esplorare barriere coralline e scoprire la vita marina che raramente viene vista dagli occhi umani. È come un'avventura in un altro mondo che si trova proprio qui sulla Terra.

85. Treni a Levitazione Magnetica: Fluttuare Sopra i Binari

I treni a levitazione magnetica, o maglev, usano magneti potenti per sollevare il treno da terra e farlo levitare. Questo elimina quasi tutto l'attrito tra il treno e i binari, permettendogli di muoversi incredibilmente veloce. Alcuni di questi treni possono raggiungere velocità superiori ai 600 km/h, rendendo i viaggi su rotaia più veloci che mai.

ENERGIE RINNOVABILI

Le energie rinnovabili sono fonti di energia che non finiscono mai e sono gentili con il nostro pianeta perché non inquinano. Sole, vento, acqua e anche piante sono alcuni degli amici della Terra che ci aiutano a produrre energia pulita. Vediamo come queste meraviglie naturali vengono trasformate in energia che possiamo usare ogni giorno senza danneggiare il nostro bel pianeta.

86. Turbine Eoliche: I Giganti del Vento

Le turbine eoliche sono alte e snelle, con grandi pale che girano quando il vento soffia. Questo movimento trasforma l'energia del vento in energia elettrica. Anche se stanno ferme quando non c'è vento, nei giorni ventosi possono produrre molta energia. Sono come mulini a vento moderni che aiutano a tenere pulita l'aria che respiriamo.

87. Idroelettrica: Il Potere dell'Acqua

Le centrali idroelettriche usano l'acqua per produrre energia. Quando l'acqua scorre giù da una diga, il suo movimento fa girare delle turbine che producono elettricità. È come quando giochi con un mulinello nell'acqua; immagina ora quel mulinello grande come una casa, e capirai quanto possa essere potente l'acqua!

88. Geotermica: Calore dalla Terra

L'energia geotermica viene dal calore nascosto sotto la superficie terrestre. In alcuni posti, come l'Islanda, questo calore è vicino alla superficie e può essere usato per riscaldare acqua, case e produrre elettricità. Immagina di avere un riscaldamento che viene dal cuore della Terra - è esattamente ciò che fa l'energia geotermica.

INVENZIONI ACCIDENTALI

Molte delle cose che usiamo ogni giorno sono state scoperte o inventate per caso. A volte, gli scienziati cercano di fare una cosa e finiscono per crearne un'altra totalmente diversa e sorprendentemente utile. Vediamo alcune delle invenzioni più interessanti che sono nate senza essere state pianificate!

89. Post-it Notes: L'Adesivo Perfetto per Errore

Le note adesive, o Post-it, sono state inventate quando uno scienziato di nome Spencer Silver stava cercando di creare una super-colla forte per 3M. Invece, ha finito per fare una colla che non era molto forte, ma poteva essere facilmente attaccata e staccata senza lasciare segni. Un altro scienziato, Art Fry, ha usato questa colla per tenere i suoi segnalibri nel libro del coro senza che cadessero, dando vita alle famose note adesive.

90. La Penicillina: Una Scoperta Importantissima

La penicillina, il primo vero antibiotico, è stata scoperta per caso da Alexander Fleming nel 1928. Fleming stava studiando batteri in laboratorio quando si accorse che una piccola muffa, chiamata Penicillium, era cresciuta accidentalmente in una delle sue piastre di coltura. Sorprendentemente, questa muffa uccideva i batteri intorno a sé. Grazie a questa scoperta "muffosa", milioni di vite sono state salvate da infezioni batteriche.

91. Il Microonde: Riscaldamento Rapido

Il forno a microonde è stato inventato quando un ingegnere di nome Percy Spencer stava testando un dispositivo chiamato magnetrone, usato nei radar. Mentre lavorava, notò che una barretta di cioccolato in tasca si era sciolta a causa delle microonde emesse dal dispositivo. Questo incidente ha portato allo sviluppo del forno a microonde, che ora usiamo per riscaldare velocemente il cibo.

92. Il Velcro: Appiccicoso Come una Pianta

Il Velcro è stato inventato da George de Mestral, un ingegnere svizzero che, dopo una passeggiata con il suo cane, notò come i semi di bardana fossero attaccati ai peli del cane. Questi semi avevano piccoli ganci che li facevano attaccare a tessuti e peli. Mestral ha replicato questo meccanismo naturale per creare il Velcro, un tipo di chiusura che non richiede bottoni o cerniere.

STORIA DEL COMPUTER

I computer sono diventati una parte essenziale della nostra vita, aiutandoci a studiare, lavorare, giocare e comunicare. La storia del computer è piena di invenzioni geniali e di passi importanti che hanno cambiato il modo in cui viviamo. Scopriamo come sono nati e evoluti questi straordinari macchinari!

93. Il Calcolatore Meccanico: L'Antenato dei Computer

La storia dei computer inizia con il calcolatore meccanico, chiamato la Pascalina, inventato da Blaise Pascal nel 1642. Era una macchina fatta di ingranaggi e ruote, e Pascal la creò per aiutare suo padre con i conti di matematica che doveva fare nel suo lavoro. Anche se era molto semplice rispetto ai computer di oggi, la Pascalina è considerata una delle prime forme di calcolatore nella storia.

94. L'ENIAC: Il Gigante che Cambiò il Mondo

L'ENIAC, che sta per Electronic Numerical Integrator and Computer, fu costruito negli anni '40 ed è considerato uno dei primi veri computer elettronici. Era enorme, riempiva una stanza intera e usava tantissima elettricità. L'ENIAC poteva fare molte operazioni matematiche molto più velocemente di qualsiasi persona con una calcolatrice. Ha aiutato gli scienziati a fare calcoli importanti per molte applicazioni, inclusi progetti militari e la ricerca spaziale.

95. I Personal Computer: Il Computer per Tutti

Negli anni '80, il computer personale (PC) è diventato popolare. Questi computer erano abbastanza piccoli da stare su una scrivania e abbastanza economici per essere acquistati da molte famiglie. Hanno portato la potenza del calcolo nelle case delle persone comuni, permettendo loro di scrivere documenti, fare calcoli complessi, giocare a giochi e molto altro.

96. Internet: La Rete che Connette il Mondo

L'introduzione di Internet ha trasformato i computer da semplici macchine di calcolo a porte d'accesso a un mondo di informazioni e comunicazione. Nato come un progetto militare e accademico, Internet è diventato accessibile al pubblico negli anni '90. Oggi, ci permette di esplorare, comunicare e condividere informazioni con persone di tutto il mondo in pochi secondi.

97. Il Microprocessore: Una Rivoluzione in un Chip

Nel 1971, il microprocessore fece la sua comparsa, cambiando tutto nel mondo dei computer. Questo piccolo chip era capace di fare le funzioni di un intero computer. Il microprocessore ha permesso di costruire computer più piccoli, più veloci e più accessibili a tutti. Da questo momento, i computer hanno iniziato a entrare nelle case delle persone, cambiando la vita quotidiana.

COMUNICAZIONI A DISTANZA

Le comunicazioni a distanza hanno subito una trasformazione radicale negli ultimi secoli, passando dalle lettere trasportate a cavallo a messaggi che viaggiano attraverso lo spazio in pochi secondi. Scopriamo come la tecnologia ha reso possibile parlare con qualcuno dall'altra parte del mondo quasi istantaneamente!

98. Il Telegrafo: I Segnali che Hanno Connesso il Mondo

Il telegrafo, inventato nei primi anni del 1800, è stata la prima forma di comunicazione elettronica. Utilizzava codici, noti come codice Morse, per inviare messaggi lungo i cavi elettrici. Un operatore trasmetteva un messaggio da una stazione, e un altro operatore alla stazione ricevente lo traduceva. Questa invenzione ha rivoluzionato le comunicazioni, rendendo possibile inviare messaggi da una città all'altra in pochi minuti invece di giorni o settimane.

99. Il Telefono: Parlando Attraverso i Fili

Alexander Graham Bell inventò il telefono nel 1876, cambiando completamente il modo in cui le persone interagivano. Per la prima volta, era possibile sentire la voce di una persona dall'altra parte del filo. Il telefono ha reso le conversazioni personali e dirette possibili anche tra persone separate da grandi distanze.

100. La Radio: Voci che Viaggiano nell'Aria

La radio, sviluppata alla fine del 1800 e perfezionata nei primi anni del 1900, ha permesso la trasmissione di suoni, inclusa la musica e la voce, attraverso le onde radio. Questo significava che le notizie e l'intrattenimento potevano essere inviati in molte case contemporaneamente, creando una nuova forma di comunicazione di massa che ha portato il mondo un po' più vicino.

101. La Televisione: Immagini che Danzano sullo Schermo

La televisione ha trasformato le case del mondo a metà del 20° secolo, offrendo non solo audio ma anche video. Le persone potevano vedere eventi accadere in tempo reale, da discorsi presidenziali a missioni lunari. La TV ha aperto una finestra visiva sul mondo, rendendo le esperienze globali parte della vita quotidiana in un modo mai visto prima.

102. Internet e il Cellulare: Connettività Globale al Tocco di un Dito

L'avvento di Internet e dei cellulari ha radicalmente cambiato le comunicazioni a distanza. Con Internet, le informazioni e i messaggi possono essere inviati e ricevuti istantaneamente da qualsiasi parte del mondo. I cellulari hanno portato questa capacità nelle tasche delle persone, permettendo loro di chiamare, inviare SMS, e accedere a Internet da quasi ovunque.

MATERIALI INNOVATIVI

La scienza dei materiali è una parte affascinante della tecnologia che esplora e crea nuovi materiali con caratteristiche sorprendenti. Questi materiali possono fare cose incredibili, come cambiare forma, ripararsi da soli, o condurre energia in modi nuovi e migliorati.

103. Grafene: Il Super Materiale

Il grafene è un materiale formato da un singolo strato di atomi di carbonio, disposti in un modello esagonale. È uno dei materiali più forti e leggeri conosciuti dall'uomo. Oltre a essere quasi completamente trasparente, il grafene è un ottimo conduttore di elettricità e calore e potrebbe rivoluzionare tutto, dalla creazione di dispositivi elettronici flessibili a filtri d'acqua ultra-efficienti.

104. La Pelle Elettronica: Tocco Tecnologico

La pelle elettronica, o e-skin, è un tipo di materiale flessibile e sottile che imita le funzioni della pelle umana. Può percepire il tocco, la pressione, e anche la temperatura. Questo materiale innovativo potrebbe essere usato per creare bendaggi intelligenti che monitorano la salute della pelle o per dare ai robot un senso del tatto molto simile a quello umano.

105. Metalli con Memoria di Forma: Magia Metallica

I metalli con memoria di forma possono tornare alla loro forma originale dopo essere stati piegati o distorti, semplicemente riscaldandoli. Questo straordinario comportamento è utile in molti modi, dalla medicina, dove stent o altri dispositivi possono espandersi una volta posizionati nel corpo, all'ingegneria, per componenti che devono adattarsi automaticamente a cambiamenti di temperatura.

106. Aerogel: Il Materiale Fantasma

L'aerogel, noto come il materiale solido più leggero del mondo, è composto per il 99% di aria. Ha incredibili proprietà isolanti e può resistere a temperature estreme. Questo materiale è usato per isolare apparecchiature spaziali e abbigliamento ad alta tecnologia, e potrebbe un giorno essere usato per costruire abitazioni su altri pianeti.

REALTÀ VIRTUALE E AUMENTATA

La realtà virtuale (VR) e la realtà aumentata (AR) sono tecnologie che cambiano il modo in cui vediamo il

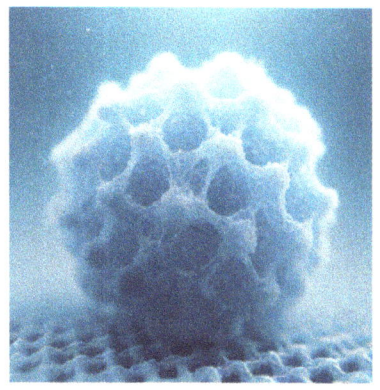

mondo intorno a noi. La VR ci porta in luoghi completamente nuovi, mentre la AR mette informazioni e immagini del mondo digitale nel nostro mondo reale.

107. Caschi di Realtà Virtuale: Finestre su Mondi Fantastici

I caschi di realtà virtuale ti portano in luoghi che puoi solo immaginare: dal fondo dell'oceano alle superfici di altri pianeti, fino a mondi fantastici pieni di creature magiche. Quando indossi un casco VR, è come entrare in un altro mondo dove puoi esplorare, giocare e imparare in modi completamente immersivi e interattivi.

108. Shopping con AR: Prova Prima di Comprare

Con la realtà aumentata, puoi vedere come stanno i mobili nella tua casa prima di acquistarli, o come ti sta un vestito senza provarlo fisicamente. Basta puntare la fotocamera del tuo telefono su una stanza o su te stesso, e l'app di AR aggiunge l'immagine del prodotto nel contesto giusto, rendendo lo shopping più facile e divertente.

109. App di Realtà Aumentata: Magiche Sovrapposizioni sul Mondo Reale

Le app di realtà aumentata usano la fotocamera del tuo telefono o tablet per mostrare il mondo intorno a te con aggiunte digitali. Potresti vedere dinosauri che camminano nel parco o stelle che ti dicono i loro nomi nel cielo notturno. È come avere un superpotere che ti permette di vedere cose invisibili agli altri!

QUIZ: TESTA LA TUA CONOSCENZA SU TECNOLOGIA E INVENZIONI

Domanda 11: Cosa permette di fare un jetpack?

- A) Navigare sott'acqua
- B) Volare attraverso l'aria
- C) Viaggiare nello spazio
- D) Correre a velocità supersonica

Domanda 12: Come funzionano le auto senza pilota?

- A) Utilizzando mappe stampate per navigare
- B) Seguendo una traccia magnetica sulle strade
- C) Utilizzando computer e sensori per vedere l'ambiente
- D) Comunicando telepaticamente con il conducente

Domanda 13: Cosa scopriamo usando i veicoli subacquei personalizzati?

- A) Relitti antichi e barriere coralline
- B) Nuove specie di uccelli
- C) Grotte nascoste sulla terra
- D) Stelle e pianeti nel cielo

Domanda 14: Quali innovazioni sono attribuite a Nikola Tesla?

- A) La lampadina e il fonografo
- B) La radio e l'energia senza fili
- C) Il telefono e il telegrafo
- D) L'aeroplano e il jetpack

Domanda 15: Qual è stata una delle principali realizzazioni di Thomas Edison?

- A) Invenzione del telefono
- B) Perfezionamento della lampadina elettrica

- C) Sviluppo del primo computer
- D) Creazione del primo aeroplano

Domanda 16: Perché i rover marziani sono importanti per la scienza?

- A) Possono prelevare campioni di suolo marziano
- B) Aiutano a comprendere se c'è stata vita su Marte
- C) Esplorano i fondali oceanici della Terra
- D) Monitorano i cambiamenti climatici sulla Terra

Domanda 17: Che cosa fanno i droni di soccorso?

- A) Spengono incendi in zone pericolose
- B) Trovano e salvano persone in situazioni di emergenza
- C) Consegnano pacchi in zone remote
- D) Fotografano paesaggi per mappe dettagliate

Domanda 18: Qual è una funzione dei robot chirurghi?

- A) Eseguire interventi chirurgici con precisione incredibile
- B) Assistere i medici in diagnosi complesse
- C) Fornire consulenza medica a distanza
- D) Gestire l'amministrazione ospedaliera

Domanda 19: Che cosa permette di fare l'Hyperloop?

- A) Viaggiare sott'acqua senza cambiare mezzo
- B) Muoversi quasi alla velocità dell'aereo
- C) Volare sopra il traffico cittadino
- D) Esplorare i fondali marini

Domanda 20: Che tipo di veicolo è un'auto anfibia?

- A) Un veicolo che può volare e guidare
- B) Un veicolo che può guidare su strada e navigare sull'acqua
- C) Un veicolo che si trasforma in un sottomarino
- D) Un veicolo che può esplorare Marte

RISPOSTE:

- Domanda 11: B) Volare attraverso l'aria
- Domanda 12: C) Utilizzando computer e sensori per vedere l'ambiente
- Domanda 13: A) Relitti antichi e barriere coralline
- Domanda 14: B) La radio e l'energia senza fili
- Domanda 15: B) Perfezionamento della lampadina elettrica
- Domanda 16: B) Aiutano a comprendere se c'è stata vita su Marte
- Domanda 17: B) Trovano e salvano persone in situazioni di emergenza
- Domanda 18: A) Eseguire interventi chirurgici con precisione incredibile
- Domanda 19: B) Muoversi quasi alla velocità dell'aereo
- Domanda 20: B) Un veicolo che può guidare su strada e navigare sull'acqua

3
STORIA E CULTURA

AVVENTURE NEL TEMPO

Esplorare la storia e le culture del mondo ci aiuta a capire come le persone vivevano, pensavano e costruivano le loro società in tempi molto diversi dai nostri. Scopriamo insieme alcune delle avventure più affascinanti nel tempo e come hanno plasmato il mondo in cui viviamo oggi.

110. L'Impero Romano: I Conquistatori del Mediterraneo

L'Impero Romano era vasto e potente, governando terre che si estendevano dall'Inghilterra all'Egitto e dalla Spagna alla Siria. I Romani costruirono strade, acquedotti che portavano acqua nelle città, e grandi anfiteatri come il Colosseo, dove la gente si radunava per guardare i combattimenti tra gladiatori.

111. I Vichinghi: I Navigatori del Nord

I Vichinghi erano famosi come guerrieri feroci e abili navigatori che viaggiavano su lunghe navi chiamate drakkar. Venivano dal Nord Europa e viaggiavano attraverso i mari per commerciare, esplorare e talvolta saccheggiare. Le loro saghe, storie epiche di eroi e avventure, sono ancora raccontate oggi.

112. I Dinosauri: I Giganti della Preistoria

Molto tempo fa, prima che gli umani camminassero sulla Terra, i dinosauri erano i padroni del pianeta. Questi giganti incredibili vivevano in ogni angolo del mondo e venivano in tutte le forme e dimensioni, dai giganteschi Brachiosauri che potevano raggiungere le cime degli alberi alti, ai feroci T-Rex, i predatori supremi del loro tempo.

113. L'Antico Egitto: La Civiltà delle Piramidi

L'Antico Egitto è famoso per le sue piramidi, gigantesche tombe costruite per i loro faraoni, i re degli egizi. Gli egizi erano anche maestri nell'arte della mummificazione, un processo per conservare i corpi dopo la morte, e credevano in un'ampia varietà di dei, come Ra, il dio del sole, e Anubi, il guardiano dell'aldilà.

114. La Grande Muraglia Cinese: Il Drago di Pietra

La Grande Muraglia Cinese fu costruita per proteggere i confini dell'antica Cina dagli invasori. È così lunga che è stata chiamata il "drago di pietra" dagli antichi cinesi. La muraglia si snoda come un serpente attraverso montagne e deserti, ed è una delle poche strutture fatte dall'uomo che si dice possa essere vista dallo spazio.

MISTERI DELLE CIVILTÀ PERDUTE

Le civiltà perdute ci affascinano con i loro misteri non risolti e le loro storie dimenticate. Dalle città sommerse alle scritture indecifrabili, esploriamo alcune delle più intriganti enigmi lasciati dalle antiche culture del mondo.

115. Atlantide: La Città Perduta Sotto il Mare

La leggenda di Atlantide proviene dai dialoghi di Platone, un famoso filosofo greco, che descrisse una civiltà avanzata che, secondo il racconto, scomparve nel mare in un solo giorno e notte di sfortuna. Alcuni pensano che fosse solo un mito, mentre altri cercano ancora i suoi resti nel fondo degli oceani.

116. I Nazca: Gli Enigmi dal Cielo

Nel deserto del Perù, la civiltà Nazca ha lasciato dietro di sé uno dei più grandi misteri archeologici: le Linee di Nazca. Queste enormi figure di animali, piante e forme geometriche, visibili solo dal cielo, continuano a confondere gli scienziati riguardo al loro scopo. Alcuni suggeriscono che fossero parte di rituali astronomici o indicazioni per l'acqua.

117. La Biblioteca di Alessandria: Il Tesoro Perduto del Sapere

La Biblioteca di Alessandria in Egitto era la più grande del mondo antico, contenente opere di inestimabile valore da tutto il conosciuto. Distrutta da un incendio circa 2000 anni fa, la sua esatta posizione e il completo inventario dei suoi rotoli rimangono un mistero, alimentando fantasie su ciò che potrebbe essere stato perso.

FESTIVITÀ DEL MONDO

Le festività sono momenti speciali che le persone di tutto il mondo celebrano con rituali, cibi, e storie uniche che mostrano la ricchezza delle loro culture. Questi eventi non solo offrono divertimento, ma anche una finestra sulle tradizioni profonde che definiscono ogni società. Scopriamo alcune delle festività più colorate e significative del mondo.

118. Il Capodanno Cinese: La Festa dei Draghi e dei Fuochi d'Artificio

Il Capodanno Cinese, noto anche come la Festa di Primavera, è una delle celebrazioni più importanti in Cina e in tutto il mondo cinese. Segna l'inizio del nuovo anno lunare e viene celebrato con fuochi d'artificio, danze del drago, e un grande banchetto familiare che include i ravioli. Ogni anno è associato a uno degli animali dello zodiaco cinese, che influenzerà l'anno a venire.

119. Diwali: Il Festival delle Luci

Diwali è una delle festività più importanti per gli Indù, ma viene celebrato anche dai seguaci del Sikhismo e del Giainismo. È conosciuto come il Festival delle Luci, dove le lampade a olio, le candele e i fuochi d'artificio brillano per simboleggiare la vittoria della luce sulla oscurità e del bene sul male. Le famiglie si riuniscono per pregare, scambiarsi regali, e mangiare dolci festivi.

120. Hanukkah: La Celebrazione Ebraica della Luce

Hanukkah, la festa ebraica dell'illuminazione, dura otto giorni e ricorda il miracolo del Tempio di Gerusalemme, dove l'olio, che avrebbe dovuto durare solo per un giorno, bruciò per otto. Le famiglie ebraiche accendono una candela sul candelabro speciale chiamato menorah ogni notte, aggiungendo una candela fino a riempire tutti gli otto spazi.

121. Il Carnevale di Rio: Un Esplosione di Colore e Musica

Il Carnevale di Rio in Brasile è famoso in tutto il mondo per le sue parate spettacolari, costumi vibranti e samba appassionata. Per una settimana, la città di Rio de Janeiro si trasforma in un palcoscenico gigante, con scuole di samba che competono in parate elaborate, danzando al ritmo di musiche coinvolgenti.

122. Halloween: La Notte delle Streghe

Halloween, originariamente una festa celtica che segnava la fine dell'estate e l'inizio dell'inverno, è ora celebrata principalmente come una festa di dolcetti o scherzetti, costumi spaventosi e storie di fantasmi. Bambini e adulti si travestono e visitano le case chiedendo "dolcetto o scherzetto", mentre zucche intagliate chiamate Jack-o'-lanterns illuminano le notti fredde di ottobre.

SCOPERTE ARCHEOLOGICHE

L'archeologia è la scienza che studia le antiche civiltà scavando nel terreno e scoprendo i segreti che sono stati sepolti per millenni. Queste scoperte possono essere antichi strumenti, monete d'oro, o perfino intere città che ci raccontano storie del passato. Scopriamo insieme alcune delle scoperte archeologiche più incredibili e cosa ci hanno insegnato.

123. La Tomba di Tutankhamon: Il Tesoro dell'Egitto Antico

Nel 1922, l'archeologo Howard Carter scoprì la tomba di Tutankhamon nella Valle dei Re in Egitto. Questa tomba quasi intatta era piena di tesori incredibili, tra cui gioielli d'oro, carri da guerra e la famosa maschera funeraria d'oro. Tutankhamon non era un faraone molto importante nella storia egizia, ma la scoperta della sua tomba ha aiutato gli scienziati a imparare molto sulla vita e la morte nell'Egitto antico.

124. Stonehenge: Il Circolo Misterioso

Stonehenge, situato in Inghilterra, è uno dei siti preistorici più famosi al mondo. Composto da massi giganti disposti in un cerchio, è stato costruito in diverse fasi a partire da 5.000 anni fa. Gli archeologi credono che potesse essere un tempio per il culto del sole o un enorme cimitero, ma il suo vero scopo rimane un mistero.

125. I Manoscritti del Mar Morto: Rotoli Antichi di Mistero

I Manoscritti del Mar Morto sono stati trovati per la prima volta nel 1947 in grotte vicino a Qumran, sulle sponde del Mar Morto. Questi antichi testi includono le più vecchie copie conosciute della Bibbia e altri scritti che non erano stati visti per quasi duemila anni. Questi rotoli hanno fornito preziose informazioni sulle prime forme di Giudaismo e i primi giorni del Cristianesimo.

126. La Scoperta dei Sassi di Matera

I Sassi di Matera, uno dei centri abitativi più antichi del mondo continuamente abitati, furono "riscoperti" nel 1950 dopo essere stati quasi dimenticati. Questi antichi insediamenti scavati nella roccia nel sud dell'Italia risalgono al Paleolitico e hanno ospitato comunità umane per oltre 9.000 anni. Matera, spesso trascurata fino alla sua redenzione culturale e turistica, è stata nominata Capitale Europea della Cultura nel 2019

127. La Città di Pompei: Un Momento Congelato nel Tempo

Pompei era una città romana che fu sepolta sotto metri di cenere e pietra pomici quando il Monte Vesuvio eruttò nel 79 d.C. La città fu dimenticata fino al 1748, quando gli archeologi iniziarono a scavarla. Gli edifici, oggetti e persino le forme delle persone che morirono nell'eruzione sono stati preservati. Questa scoperta ci ha dato un incredibile sguardo diretto sulla vita quotidiana in una città romana.

128. I Guerrieri di Terracotta: L'Esercito Sotterraneo della Cina

Nel 1974, contadini vicino a Xi'an, in Cina, scoprirono accidentalmente la tomba dell'imperatore Qin Shi Huang. Dentro, c'erano migliaia di statue di terracotta a grandezza naturale di soldati, cavalli e carri, create per proteggere l'imperatore nell'aldilà. Ogni statua è unica, con armature, espressioni del viso e persino acconciature diverse, mostrando l'incredibile abilità degli artigiani cinesi di 2200 anni fa.

RIVOLUZIONI CHE HANNO CAMBIATO IL MONDO

Le rivoluzioni sono periodi di grandi cambiamenti che hanno spesso trasformato nazioni e influenzato il corso della storia. Questi eventi possono essere pacifici o violenti, ma tutti hanno lasciato un segno indelebile sul mondo. Scopriamo alcune delle rivoluzioni più importanti e cosa hanno significato per le persone che le hanno vissute.

129. La Rivoluzione Americana: La Lotta per l'Indipendenza

La Rivoluzione Americana (1775-1783) fu la lotta delle tredici colonie americane contro il Regno Unito per ottenere l'indipendenza. Gli americani volevano il diritto di governare se stessi e di prendere le proprie decisioni senza interferenze da parte dei britannici. La vittoria portò alla nascita degli Stati Uniti d'America e all'adozione della Costituzione, che ha plasmato il governo americano come lo conosciamo oggi.

130. La Rivoluzione Industriale: La Macchina del Cambiamento

La Rivoluzione Industriale, che iniziò nel tardo 1700 in Inghilterra, trasformò le società agricole in società industrializzate. L'introduzione di macchinari avanzati ha aumentato la produzione di beni come tessuti e acciaio, cambiando il modo in cui le persone lavoravano e vivevano. Le città crebbero, e con esse i nuovi problemi sociali, ma anche l'innovazione tecnologica accelerò, portando a miglioramenti nella qualità della vita.

131. La Rivoluzione Francese: La Nascita della Liberté, Égalité, Fraternité

Iniziata nel 1789, la Rivoluzione Francese fu guidata dal popolo che si ribellò contro le ingiuste strutture di potere della monarchia. Questa rivoluzione enfatizzò ideali come la libertà, l'uguaglianza e la fratellanza e portò alla fine del regno di re e regine in Francia. Gli eventi di questa rivoluzione hanno influenzato molti altri paesi e continuano ad essere un simbolo potente di lotta per i diritti civili.

132. La Rivoluzione Tecnologica: L'Era dell'Informazione

A partire dalla fine del XX secolo, il mondo ha assistito a una "rivoluzione tecnologica" con l'avvento di computer, internet e tecnologie mobili. Questa rivoluzione ha cambiato il modo in cui viviamo, lavoriamo e interagiamo, rendendo l'informazione e la comunicazione più accessibili che mai e unendo le persone come una sola comunità globale.

IMPERI E CONQUISTATORI

Gli imperi e i loro conquistatori hanno plasmato molte delle frontiere e delle culture che conosciamo oggi. Con le loro potenti armate e la volontà di esplorare e dominare, questi leader hanno creato grandi imperi che si estendevano su vasti territori. Scopriamo alcune delle figure più influenti e gli imperi che hanno governato grandi parti del mondo.

133. Gengis Khan: Il Guerriero delle Steppe

Gengis Khan, fondatore e primo Grande Khan dell'Impero Mongolo, è noto per le sue abilità militari che gli permisero di conquistare vasti tratti di terra, creando il più grande impero contiguo della storia. Dalla Cina all'Europa orientale, i mongoli sotto la sua guida hanno unificato e dominato con un mix di tattiche militari implacabili e politiche di governo innovative.

134. L'Impero Romano: Governare il Mondo Conosciuto

L'Impero Romano, iniziato con Augusto, il primo imperatore, si estendeva al suo apice dall'Inghilterra all'Egitto e dalla Spagna al Medio Oriente. Con le sue leggi, la sua architettura e le sue strade, Roma ha lasciato un'eredità duratura che ancora oggi influisce sulla nostra società. Il diritto romano, le tecniche di costruzione e la lingua latina sono solo alcune delle loro influenze perduranti.

135. Alessandro Magno: Il Conquistatore che Unì il Mondo

Alessandro Magno, re della Macedonia antica, è noto per aver creato uno degli imperi più grandi della storia antica. Dall'Egitto fino all'India, Alessandro e le sue armate conquistarono vaste aree, diffondendo la cultura greca e influenzando le civiltà con cui venivano in contatto. La sua rete di città fondate, molte delle quali chiamate Alessandria in suo onore, fu un crogiolo per lo scambio culturale e scientifico.

136. L'Impero Ottomano: Un Ponte tra i Continenti

L'Impero Ottomano, con la sua capitale a Istanbul, fu un impero vasto e influente che collegava l'Asia, l'Europa e l'Africa. Fondato alla fine del 13° secolo, raggiunse l'apice del suo potere nel 16° secolo sotto il sultano Solimano il Magnifico. L'Impero Ottomano è noto per la sua architettura, come la famosa moschea di Santa Sofia, e per il suo contributo nella diffusione della cultura islamica.

137. L'Impero Britannico: Il Sole Non Tramonta Mai

L'Impero Britannico fu il più grande impero nella storia moderna, famoso per l'affermazione che "il sole non tramonta mai sull'Impero Britannico" a causa del suo vasto territorio su ogni continente. Questo impero ha giocato un ruolo cruciale nella diffusione della lingua inglese, delle leggi britanniche e di molte altre norme culturali e istituzionali che formano la base di molti stati moderni.

MONUMENTI E MERAVIGLIE

Intorno a noi ci sono monumenti e meraviglie che raccontano le storie delle civiltà passate e presentano incredibili prodezze di ingegneria e arte. Questi luoghi non solo incantano gli occhi ma anche ispirano le menti a scoprire di più sulle culture e le tecnologie di un tempo. Esploriamo alcune delle creazioni più straordinarie fatte dall'uomo.

138. Il Colosseo: L'Arena dei Gladiatori di Roma

Il Colosseo a Roma, Italia, è un gigantesco anfiteatro costruito nell'epoca dell'Impero Romano. Era il luogo dove si svolgevano spettacoli di gladiatori, battaglie navali rievocate, e altri intrattenimenti pubblici che potevano attirare decine di migliaia di spettatori. La sua architettura e ingegneria influenzano ancora oggi il design degli stadi moderni.

139. Il Taj Mahal: Un Monumento all'Amore Eterno

Il Taj Mahal in India è un mausoleo costruito dall'Imperatore Moghul Shah Jahan in memoria della sua amata moglie Mumtaz Mahal. Questo imponente edificio è noto per la sua straordinaria bellezza e precisione simmetrica, con incantevoli giardini e una struttura in marmo bianco che sembra cambiare colore con le variazioni di luce. È un simbolo dell'amore eterno e della fine arte islamica.

140. Machu Picchu: La Città Perduta degli Inca

Machu Picchu è una città Inca costruita in cima a una montagna nelle Ande del Perù. Scoperta nel 1911 dall'esploratore Hiram Bingham, rimane uno dei siti archeologici più affascinanti al mondo per la sua posizione remota e la sua bellezza mozzafiato. Questa città "perduta" fornisce una finestra unica sulla civiltà Inca e le loro abilità avanzate in agricoltura, architettura e ingegneria.

141. La Grande Piramide di Giza: Un Antico Mistero Egizio

La Grande Piramide di Giza in Egitto è l'unica sopravvissuta delle Sette Meraviglie del Mondo Antico. Costruita come tomba per il faraone Cheope circa 4.500 anni fa, questa enorme struttura è stata la più alta costruzione fatta dall'uomo per migliaia di anni. Gli scienziati e gli archeologi sono ancora stupiti dalla precisione delle sue pietre perfettamente allineate e dalla sua complessa costruzione interna.

LEADER CARISMATICI

Attraverso la storia, ci sono stati leader che hanno lasciato un'impronta indelebile sul mondo grazie al loro carisma, intelligenza e capacità di ispirare le persone. Questi leader hanno guidato nazioni, cambiato leggi e promosso movimenti che hanno plasmato le civiltà. Scopriamo alcune di queste figure eccezionali.

142. Cleopatra: L'Ultima Regina dell'Egitto

Cleopatra VII è stata l'ultima regina del periodo tolemaico dell'Egitto e è nota per la sua straordinaria intelligenza, capacità politica e la sua relazione con i leader romani come Giulio Cesare e Marco Antonio. Cleopatra ha lottato per mantenere l'indipendenza dell'Egitto contro l'espansione romana, usando sia la sua astuzia politica sia il suo fascino personale.

143. Nelson Mandela: Il Lottatore per la Libertà

Nelson Mandela è stato un rivoluzionario anti-apartheid in Sudafrica, noto per il suo ruolo decisivo nell'abbattere il sistema di segregazione razziale dell'apartheid. Dopo aver trascorso 27 anni in prigione per le sue attività, è diventato il primo presidente nero del Sudafrica e ha lavorato per riconciliare e unire una nazione divisa.

144. Ghandi: Il Maestro della Resistenza Pacifica

Mahatma Gandhi è stato un leader indiano e l'ideatore della filosofia e strategia della non violenza. La sua leadership nel movimento per l'indipendenza indiana contro il dominio britannico è stata caratterizzata da proteste pacifiche e non cooperazione. Gandhi ha ispirato molti altri movimenti per i diritti civili e la libertà in tutto il mondo con il suo impegno per la giustizia e la pace.

145. Winston Churchill: Il Leone della Britannia

Winston Churchill è stato il Primo Ministro del Regno Unito durante la Seconda Guerra Mondiale. Nota per la sua fermezza e il suo spirito indomito, la leadership di Churchill è stata cruciale nella resistenza britannica contro la Germania nazista. I suoi discorsi ispiratori hanno galvanizzato la nazione e sono rimasti nella storia per il loro potere e eloquenza.

SCOPERTE GEOGRAFICHE

L'esplorazione geografica ha aperto nuove frontiere e ha esteso i confini del noto mondo. Audaci esploratori hanno navigato mari sconosciuti e attraversato continenti selvaggi, mappando terre inesplorate e incontrando culture fino ad allora ignote. Scopriamo insieme le avventure di alcuni dei più famosi esploratori.

STORIA E CULTURA

146. Cristoforo Colombo: Il Viaggio verso il Nuovo Mondo

Cristoforo Colombo, un navigatore genovese, è celebre per aver attraversato l'Atlantico nel 1492, finanziato dai re cattolici di Spagna. Anche se non fu il primo a scoprire l'America — con i Vichinghi e le popolazioni indigene che vi abitavano già da millenni — il suo viaggio segnò l'inizio di un'era di esplorazione europea su vasta scala di quel continente.

147. Vasco da Gama: La Rotta per l'India

Vasco da Gama, un esploratore portoghese, fu il primo europeo a raggiungere l'India via mare, circumnavigando il Capo di Buona Speranza alla fine del XV secolo. La sua scoperta della rotta marittima diretta ha aperto l'India al commercio europeo e ha segnato l'inizio dell'impero coloniale portoghese in Asia.

148. Marco Polo: Il Mercante che Mappò la Via della Seta

Marco Polo è uno degli esploratori più noti del Medioevo. Partito da Venezia, viaggiò fino alla Cina lungo la Via della Seta durante il XIII secolo.

Al suo ritorno in Italia, raccontò storie di ricchezze incredibili e civiltà avanzate, influenzando altre generazioni di esploratori e commercianti. Il suo libro, "Il Milione", apre una finestra affascinante su Asia e Oriente Medio di quel tempo.

CODICI E LINGUE PERDUTE

La storia umana è ricca di linguaggi e sistemi di scrittura che sono stati dimenticati, perduti nel tempo, o decifrati solo dopo secoli di mistero. Questi codici e lingue offrono una finestra unica nelle culture antiche e nelle loro conoscenze. Esploriamo alcuni dei più intriganti enigmi linguistici che gli studiosi hanno lavorato per sbloccare.

149. I Geroglifici Egizi: Segreti Incisi nella Pietra

I geroglifici erano il sistema di scrittura usato nell'antico Egitto per oltre 3000 anni. Questi intricati simboli, che includono immagini di persone, animali e oggetti quotidiani, erano scolpiti sui muri dei templi e delle tombe. Il significato dei geroglifici rimase un mistero fino al 1822, quando Jean-François Champollion decifrò la Stele di Rosetta, aprendo gli antichi segreti degli Egizi al mondo moderno.

150. La Scrittura Cuneiforme: L'Antica Voce della Mesopotamia

La scrittura cuneiforme è una delle più antiche forme di scrittura conosciute, sviluppata dai Sumeri della Mesopotamia intorno al 3400 a.C. Questi segni incisi in argilla con uno stilo creavano documenti che rangevano da storie di eroi mitologici a registri commerciali e leggi. Decifrare questi testi ha fornito una visione preziosa delle società antiche che abitavano tra i fiumi Tigri ed Eufrate.

INVENZIONI ANTICHE

Le invenzioni antiche sono le pietre miliari della tecnologia e della scienza che hanno gettato le basi per molte delle comodità moderne che diamo per scontate oggi. Queste invenzioni hanno trasformato le civiltà, migliorato la

STORIA E CULTURA

vita quotidiana e dimostrato l'ingegnosità umana attraverso i secoli. Scopriamo alcune delle invenzioni più influenti della storia antica.

151. La Ruota: Il Giro Che Ha Cambiato il Mondo

Inventata intorno al 3500 a.C. in Mesopotamia, la ruota è considerata una delle invenzioni più importanti di tutti i tempi. Originariamente usata per creare vasi in ceramica, la ruota fu presto adattata per i carri, rivoluzionando il trasporto di beni e persone e facilitando così il commercio e la guerra tra le antiche civiltà.

152. L'Alfabeto Fonetico: Parole che Trasformano la Storia

L'alfabeto fonetico, sviluppato dai Fenici intorno al 1050 a.C., è stato uno dei primi sistemi di scrittura a utilizzare simboli per rappresentare suoni singoli, piuttosto che intere parole o concetti. Questo sistema ha reso la scrittura più accessibile e ha influenzato molti alfabeti moderni, inclusi quelli greco, latino e cirillico.

153. L'Acquedotto: I Maestri Romani dell'Acqua

Gli acquedotti romani, costruiti a partire dal 312 a.C., erano strutture ingegnose progettate per trasportare l'acqua da fonti lontane fino alle città e ai centri urbani. Questi imponenti manufatti non solo fornivano acqua per bere e bagnarsi ma supportavano anche complesse terme pubbliche e fontane, contribuendo significativamente alla sanità pubblica e alla qualità della vita quotidiana.

154. Il Calendario Solare: Misurare il Tempo

I calendari solari, come quelli sviluppati dagli antichi egizi e dai Maya, basavano la loro misura del tempo sui movimenti del sole. Questi calendari erano cruciali per l'agricoltura, in quanto aiutavano a prevedere le stagioni e a pianificare le semine e i raccolti. La capacità di misurare e organizzare il tempo ha avuto un impatto profondo su tutte le società, influenzando tutto, dalla religione alla politica.

155. La Bussola: Navigare Attraverso i Mari

La bussola, che è stata perfezionata dai cinesi durante la dinastia Song (960-1279 d.C.), ha permesso ai navigatori di determinare la loro direzione anche in giorni nuvolosi o lontano dalla vista della terra. Questo strumento è stato fondamentale per l'età delle esplorazioni, permettendo a marinai e esploratori di viaggiare più lontano e con maggiore sicurezza.

QUIZ: TESTA LA TUA CONOSCENZA SU STORIA E CULTURA

Domanda 21: Quali creature dominavano la Terra prima dell'apparizione degli esseri umani?

- A) I mammiferi giganti del Pleistocene
- B) I dinosauri, giganti preistorici
- C) I primi rettili volanti
- D) Le grandi specie marine del Cambriano

Domanda 22: Qual era la principale funzione degli acquedotti durante l'Impero Romano?

- A) Illuminare le strade di Roma di notte
- B) Trasportare acqua potabile nelle città da fonti distanti
- C) Decorare le piazze cittadine per aumentare il prestigio
- D) Distribuire vino durante i festival

Domanda 23: Che funzione aveva la Grande Muraglia Cinese?

- A) Celebrare la grandezza dell'imperatore
- B) Osservare gli astri per fini astrologici

- C) Proteggere dai nemici esterni
- D) Fungere da via commerciale protetta

Domanda 24: Per quale scopo furono costruite le piramidi in Egitto?

- A) Come palazzi regali
- B) Come rifugi anti-assedio
- C) Come tombe monumentali per i faraoni
- D) Come magazzini per conservare il grano

Domanda 25: Come ha influenzato la bussola le esplorazioni marittime?

- A) Prevedendo le condizioni meteorologiche
- B) Indicando la posizione del sole al tramonto
- C) Fornendo una direzione precisa anche senza punti di riferimento visivi
- D) Misurando la profondità delle acque oceaniche

Domanda 26: Che informazioni hanno dato i Manoscritti del Mar Morto?

- A) Piani di antiche città perdute
- B) Testi religiosi e storici che hanno riscritto la comprensione biblica
- C) Formule mediche per antiche cure
- D) Mappature stellari dettagliate

Domanda 27: Qual era l'importanza dei calendari solari nelle civiltà antiche?

- A) Navigare i deserti
- B) Calcolare le posizioni stellari per l'astrologia
- C) Regolare le pratiche agricole stagionali
- D) Stabilire le date dei mercati locali

Domanda 28: Quale è considerata l'unicità dei Guerrieri di Terracotta?

- A) La vivacità dei loro colori originari
- B) La loro uniformità di forma e dimensione
- C) L'individualità di ogni figura
- D) L'uso di materiali preziosi nella loro costruzione

Domanda 29: Che rappresenta il Taj Mahal?

- A) La forza militare dell'Impero Moghul
- B) Una fortezza contro le invasioni
- C) Un monumento dedicato all'amore eterno
- D) Un esempio di architettura difensiva

Domanda 30: Qual è stato l'effetto più rilevante della Rivoluzione Industriale?

- A) La riduzione delle città
- B) L'inversione al modello economico agricolo
- C) La trasformazione da economie agricole a industrializzate
- D) La diminuzione della produzione industriale

RISPOSTE:

- Domanda 21: B) I dinosauri, giganti preistorici
- Domanda 22: B) Trasportare acqua potabile nelle città da fonti distanti
- Domanda 23: C) Proteggere dai nemici esterni
- Domanda 24: C) Come tombe monumentali per i faraoni
- Domanda 25: C) Fornendo una direzione precisa anche senza punti di riferimento visivi
- Domanda 26: B) Testi religiosi e storici che hanno riscritto la comprensione biblica
- Domanda 27: C) Regolare le pratiche agricole stagionali
- Domanda 28: C) L'individualità di ogni figura
- Domanda 29: C) Un monumento dedicato all'amore eterno
- Domanda 30: C) La trasformazione da economie agricole a industrializzate

4
GEOGRAFIA E LUOGHI

ESPLORATORI DI MONDI PERDUTI

La geografia non è solo la scienza che studia la terra, ma è anche una finestra su mondi perduti e luoghi misteriosi che stimolano la nostra immaginazione. Esploratori e avventurieri hanno viaggiato attraverso mari sconosciuti e terre inesplorate per scoprire i segreti del nostro pianeta. Viaggiamo insieme alla scoperta di alcuni dei luoghi più affascinanti e meno conosciuti del mondo.

156. La Città di Petra: Una Meraviglia Scavata nella Roccia

Petra, situata in Giordania, è famosa per le sue incredibili strutture scavate direttamente nella roccia rosa del deserto. Fondata dagli antichi Nabatei come capitale del loro regno, Petra era un crocevia vitale per le rotte commerciali che trasportavano incenso, spezie e altri preziosi beni. I suoi edifici, tombe e templi scavati nella roccia raccontano la storia di un popolo ingegnoso e della loro scomparsa nel tempo.

157. Il Lago di Loch Ness: La Casa di Nessie

Il Lago di Loch Ness in Scozia è famoso in tutto il mondo per gli avvistamenti del "Mostro di Loch Ness", caro ai cuori di molti come Nessie. Questo lago profondo e scuro è il secondo lago più grande della Scozia per superficie, e le storie di una creatura misteriosa che vive nelle sue acque risalgono a centinaia di anni fa. Nessie è diventata una celebrità locale, stimolando storie e speculazioni su cosa si nasconda nelle profondità del lago.

158. Il Triangolo delle Bermude: Il Mistero sul Mare

Il Triangolo delle Bermude è una zona nel mare dell'Atlantico Nord, nota per le numerose sparizioni di navi e aerei. Gli angoli del triangolo sono segnati da Miami, Bermuda e Puerto Rico. Anche se la scienza moderna ha cercato di spiegare alcuni di questi misteri con fenomeni naturali, il luogo continua a essere avvolto nel mistero e nella leggenda, catturando l'immaginazione di curiosi e avventurieri.

159. L'Isola di Pasqua: I Giganti di Pietra

L'Isola di Pasqua, un isolato pezzo di terra nella vastità del Pacifico, è celebre per le sue moai, statue giganti di pietra con volti maestosi. Creata dalla civiltà Rapa Nui, l'isola presenta oltre 900 di queste statue, il cui scopo rimane un mistero. Le teorie suggeriscono che potrebbero rappresentare antenati venerati, parte di un culto religioso complesso che includeva cerimonie e rituali.

DESERTI E LORO SEGRETI

I deserti, con le loro vaste distese di sabbia e condizioni estreme, sono luoghi di mistero e bellezza che nascondono molte sorprese. Nonostante le difficili condizioni di vita, questi ambienti ostili ospitano una varietà di vita adattabile e custodiscono antiche storie umane. Scopriamo insieme alcuni dei segreti più affascinanti dei deserti del mondo.

160. Il Deserto di Gobi: Terra di Dinosauri

Il deserto di Gobi, situato tra la Mongolia e la Cina, è noto non solo per le sue imponenti dune di sabbia e montagne rocciose, ma anche come uno dei principali siti di ritrovamenti fossili di dinosauri al mondo. Le scoperte includono uova di dinosauro perfettamente conservate, che offrono preziosi indizi sulle specie che un tempo dominavano questa regione.

161. Il Sahara: Il Gigante di Sabbia

Il Sahara è il più grande deserto caldo del mondo, estendendosi attraverso molti paesi dell'Africa del Nord. Oltre alla sua famosa vastità di dune di sabbia, il Sahara è ricco di storia, dalle antiche pitture rupestri che mostrano la vita di civiltà che una volta prosperavano qui, a resti di città perdute che una volta erano fiorenti oasi.

162. Il Deserto di Atacama: Il Luogo più Asciutto della Terra

Il deserto di Atacama in Cile è considerato il luogo più asciutto del pianeta, con alcune aree che non ricevono pioggia da decenni. Questo ambiente estremo è spesso usato come analogo per Marte per testare strumenti destinati alle missioni spaziali. Sorprendentemente, nonostante le condizioni aride, una varietà di piante e animali hanno adattato straordinari meccanismi di sopravvivenza per vivere qui.

163. Il Deserto Antartico: Il Freddo Silenzioso

L'Antartide, il più grande deserto freddo del mondo, copre quasi l'intero continente antartico. È un deserto perché la precipitazione media annuale è estremamente bassa, simile a quella dei deserti caldi tradizionali. Questa vasta terra di ghiaccio è cruciale per la ricerca scientifica, influenzando gli studi sul cambiamento climatico e sull'ecologia globale.

FORESTE PLUVIALI

Le foreste pluviali sono tra gli ecosistemi più vitali e affascinanti del nostro pianeta, ospitando una biodiversità incredibile e offrendo meraviglie naturali che non smettono di stupire. Questi luoghi magici, con la loro abbondanza di vita e la loro complessa interconnessione, ci insegnano il valore della natura e la necessità di preservarla. Scopriamo insieme alcuni dei segreti delle foreste pluviali del mondo.

164. L'Amazzonia: Il Polmone Verde del Pianeta

L'Amazzonia, situata in Sud America, è la più grande foresta pluviale del mondo e viene spesso chiamata il "polmone della Terra" per la sua capacità di produrre ossigeno e assorbire anidride carbonica. Questa foresta è un tesoro di biodiversità, ospitando milioni di specie di piante e animali, molte delle quali non sono state ancora scoperte dalla scienza moderna. Le tribù indigene che vivono qui da millenni hanno adattato modi di vita che sono in perfetta armonia con questo ambiente.

165. La Foresta Pluviale del Congo: Il Cuore Africano

La foresta pluviale del Congo, situata nell'Africa centrale, è la seconda foresta pluviale più grande del mondo dopo l'Amazzonia. Questa foresta è fondamentale per la regolazione del clima regionale e agisce come un importante serbatoio di carbonio. La ricchezza di flora e fauna qui include gorilla di montagna, elefanti della foresta e innumerevoli specie di uccelli e insetti, molti dei quali sono endemici della regione.

166. La Foresta Pluviale di Borneo: Un'Isola di Biodiversità

La foresta pluviale di Borneo, divisa tra Indonesia, Malaysia e Brunei, è nota per la sua incredibile diversità di vita selvatica, inclusi gli oranghi, i rinoceronti di Sumatra e gli elefanti pigmei. Questa foresta è anche uno dei luoghi più colpiti dalla deforestazione, dovuta principalmente alla produzione di olio di palma e al legname, mettendo a rischio le sue specie uniche.

MONTAGNE E I LORO MISTERI

Le montagne, con le loro vette maestose che sfidano le nuvole, sono fonti di ispirazione e mistero in ogni cultura. Esse non solo dominano i paesaggi con la loro imponente bellezza ma sono anche sedi di leggende, sfide estreme e fenomeni naturali unici. Scopriamo insieme alcuni dei misteri più affascinanti legati alle montagne del mondo.

167. Il Monte Fuji: La Montagna Sacra del Giappone

Il Monte Fuji è più di una montagna; è un simbolo culturale e spirituale per il Giappone. Conosciuto per la sua forma quasi perfettamente simmetrica e la sua cima innevata, il Fuji è stato il soggetto di molte opere d'arte e poesie. La montagna è anche un luogo di pellegrinaggio religioso, con molti che scalano fino alla vetta per esperienze spirituali uniche.

168. Il Monte Everest: Il Tetto del Mondo

Il Monte Everest, situato nella catena dell'Himalaya al confine tra Nepal e Cina, è la montagna più alta della Terra, con i suoi 8,848 metri sopra il livello del mare. Oltre a essere un simbolo di conquista estrema per gli alpinisti, l'Everest è avvolto in leggende locali che parlano di spiriti e divinità che abitano la montagna, considerata sacra dalle comunità circostanti.

169. Le Montagne Rocciose: Il Grande Spina Dorsale del Nord America

Le Montagne Rocciose si estendono per oltre 4,800 chilometri dal nord del Canada fino al New Mexico negli Stati Uniti, formando il "backbone" del continente nordamericano. Questa vasta catena montuosa non solo ospita una ricca biodiversità ma è anche piena di storie di esplorazioni, insediamenti storici e, secondo alcune leggende locali, creature misteriose che vivono nelle sue foreste remote.

170. Il K2: La Montagna Selvaggia

Il K2, il secondo picco più alto del mondo dopo l'Everest, è situato sul confine tra Pakistan e Cina. Notoriamente più difficile e pericoloso da scalare dell'Everest, il K2 è chiamato anche "la Montagna Selvaggia" per le sue condizioni meteorologiche estreme e il terreno impervio. Le leggende locali parlano di spiriti ancestrali che proteggono la montagna e sfidano coloro che osano scalare le sue pendici.

171. Il Kilimangiaro: La Montagna di Fuoco

Il Kilimangiaro in Tanzania è la montagna più alta dell'Africa e unica tra le grandi montagne del mondo per la sua solitudine geografica e la calotta glaciale sommitale, nonostante si trovi vicino all'equatore. Conosciuto anche come "La Montagna di Fuoco", il Kilimangiaro ha storie di divinità locali e spiriti che risiedono tra le sue nevi perenni e le foreste nebbiose.

FIUMI E LAGHI

I fiumi e i laghi sono vitali per la nostra esistenza, fornendo acqua dolce, cibo e mezzi di trasporto sin dall'antichità. Oltre a sostenere la vita, questi corpi idrici sono spesso al centro di storie culturali e leggende locali. Scopriamo insieme alcuni dei più noti fiumi e laghi del mondo e i misteri che li avvolgono.

172. Il Mississippi: L'Arteria d'America

Il fiume Mississippi, uno dei più lunghi del mondo, scorre nel cuore degli Stati Uniti e ha svolto un ruolo cruciale nello sviluppo economico e culturale del paese. Le sue rive hanno visto la nascita del jazz e blues, e le sue acque sono state una via per il commercio e la migrazione verso ovest.

173. Il Gange: Il Fiume Sacro

Il Gange, che scorre attraverso l'India e il Bangladesh, è considerato il fiume più sacro dell'induismo. Creduto per purificare le anime e concedere la redenzione, milioni di persone si immergono nelle sue acque ogni anno. Tuttavia, il fiume è anche uno dei più inquinati al mondo, sfidando il paese a trovare un equilibrio tra venerazione e conservazione.

174. Il Nilo: Il Fiume della Vita

Il Nilo, che attraversa l'Egitto e altri dieci paesi africani, è il fiume più lungo del mondo. Famoso per essere stata la linfa vitale della civiltà egizia antica, il Nilo era venerato come una divinità che portava fertilità e prosperità. Ogni anno, le inondazioni del Nilo depositavano suolo fertile lungo le sue rive, permettendo agli antichi Egizi di coltivare in un'area altrimenti desertica.

175. Il Lago Baikal: Il Gigante Siberiano

Il Lago Baikal in Russia è il lago d'acqua dolce più profondo e uno dei più antichi del mondo, con una storia che risale a 25 milioni di anni fa. Ospita più di 1,700 specie di piante e animali, molte delle quali non si trovano da nessuna altra parte sulla Terra. Il Baikal è anche noto per le sue acque cristalline e per essere un luogo di grande spiritualità e bellezza naturale.

ZONE INABITABILI

Alcuni luoghi sulla Terra sono così estremi che sembra impossibile che qualsiasi forma di vita possa sopravvivere lì. Tuttavia, queste zone inabitabili ci offrono un'opportunità unica di studiare come la vita si adatta (o non si adatta) a condizioni estreme. Esploriamo alcuni di questi ambienti sorprendenti e le sfide che presentano.

176. Isola di Izu: Terra di Gas Velenosi

L'isola di Miyake, parte dell'arcipelago di Izu vicino al Giappone, è nota per le sue continue emissioni di gas velenosi a causa dell'attività vulcanica sottostante. Gli abitanti sono stati evacuati più volte nelle ultime decadi a causa dell'aumento dei livelli di gas tossici, che rendono l'aria irrespirabile e la vita quotidiana pericolosa.

177. Chernobyl: Una Terra Abbandonata

La città di Pripyat, vicino a Chernobyl in Ucraina, è diventata inabitabile dopo il disastro nucleare del 1986, uno dei peggiori nella storia. La zona di esclusione attorno al reattore, dove la radioattività è troppo alta per permettere la vita sicura umana, è diventata un involontario rifugio per la flora e la fauna selvatica, che ha iniziato a fiorire in assenza di interferenze umane.

178. Antartide: Il Freddo Estremo

L'Antartide è il deserto più freddo, ventoso e asciutto del mondo. Nonostante queste condizioni estreme, alcune forme di vita incredibilmente adattabili, come i microbi, alcuni tipi di alghe e il robusto krill, riescono a sopravvivere qui. Queste specie giocano un ruolo cruciale negli ecosistemi antartici e sono studiate per comprendere meglio la vita in condizioni limite.

MIRACOLI NATURALI

Il nostro pianeta è ricco di fenomeni naturali straordinari e spettacolari che stupiscono e ispirano chiunque abbia la fortuna di osservarli. Questi "miracoli naturali" non solo mostrano la bellezza della Terra, ma anche la potenza e la complessità dei processi naturali che la modellano.

179. Le Cascate del Niagara: Un Flusso Maestoso

Le Cascate del Niagara, situate al confine tra gli Stati Uniti e il Canada, sono tra le più famose e imponenti cascate del mondo. L'acqua del fiume Niagara precipita con una forza straordinaria, creando un fragore e una nebbia che possono essere visti da lontano. Oltre ad essere una meraviglia naturale, le cascate sono anche una fonte importante di energia idroelettrica, dimostrando come la natura possa essere sia bella che utile.

180. Il Parco Nazionale di Yellowstone: Terra di Geysers e Vulcani

Il Parco Nazionale di Yellowstone negli Stati Uniti è famoso per i suoi geyser e le sue caratteristiche geotermiche, come il famoso geyser Old Faithful. Il parco si trova su una caldera vulcanica gigante, testimone di massicce eruzioni del passato e di potenziali eruzioni future. Yellowstone è anche un rifugio per numerose specie di fauna selvatica, rendendolo un laboratorio vivente per ecologisti e geologi.

181. La Grande Barriera Corallina: Un Acquario Naturale

La Grande Barriera Corallina, situata al largo della costa del Queensland in Australia, è il più grande sistema corallino del mondo. Questa barriera corallina è composta da oltre 2,900 singoli reef che ospitano una biodiversità incredibile. È un paradiso per gli amanti del mare, offrendo alcune delle migliori opportunità al mondo per immersioni e snorkeling, e permettendo di osservare da vicino la vita marina in tutta la sua varietà.

VULCANI ATTIVI

I vulcani non sono solo spettacolari manifestazioni della potenza della Terra, ma sono anche fonti di creazione e distruzione. Essi plasmano i paesaggi, creano nuove terre e offrono insight unici sui processi geologici che avvengono sotto la superficie terrestre.

182. Il Kilauea: Il Fiume di Lava di Hawaii

Il Kilauea è uno dei vulcani più attivi del mondo e uno dei più visitati nelle Hawaii. E' famoso per le sue spettacolari eruzioni di lava che scorrono fino al mare, creando nuovi territori e modificando costantemente il paesaggio dell'isola. La vista della lava rossa che si muove lentamente è un fenomeno indimenticabile e una dimostrazione della continua formazione delle isole Hawaii.

183. Il Vesuvio: Il Guardiano di Napoli

Il Vesuvio, situato a Napoli (in Italia), è uno dei vulcani più conosciuti al mondo, principalmente per la sua eruzione nel 79 d.C. che distrusse le città romane di Pompei e Ercolano. Oggi, è studiato attentamente per i rischi che potrebbe rappresentare per le dense popolazioni che vivono nelle sue vicinanze. La sua forma conica perfetta e la sua storia fanno del Vesuvio un simbolo iconico nella regione.

184. Il Popocatépetl: Il Gigante del Messico

Il Popocatépetl è uno dei vulcani più attivi del Messico e si trova vicino alla densamente popolata Città del Messico. Affettuosamente chiamato "El Popo", questo vulcano ha mostrato segni frequenti di attività negli ultimi anni, con emissioni di cenere e fumo che sono monitorate attentamente dagli scienziati per prevenire possibili pericoli per le comunità vicine.

185. L'Etna: La Montagna di Fuoco della Sicilia

L'Etna, situato a Catania (in Italia), è il vulcano più alto e uno dei più attivi in Europa. Le sue frequenti eruzioni sono spettacoli naturali che attraggono turisti e ricercatori da tutto il mondo. L'Etna non è solo una fonte di studio per i vulcanologi ma contribuisce anche alla fertilità del suolo circostante, supportando l'agricoltura con terreni ricchi di minerali.

FENOMENI GEOLOGICI

La Terra è un pianeta vivo, caratterizzato da fenomeni geologici che non solo modellano il paesaggio ma influenzano anche il clima, l'ambiente e la vita umana. Questi fenomeni includono tutto, dalle montagne che si innalzano fino ai terremoti che scuotono il suolo. Scopriamo alcuni dei fenomeni geologici più impressionanti e le loro caratteristiche uniche.

186. Le Dolomiti: Montagne di Corallo

Le Dolomiti, situate nel nord-est dell'Italia, sono note per la loro straordinaria bellezza e le loro cime uniche che brillano di un rosa incandescente al tramonto. Questo fenomeno, conosciuto come "enrosadira", è dovuto alla composizione unica delle rocce, ricche di carbonato di calcio, che erano originariamente parte di antichi reef corallini. Le Dolomiti offrono una

finestra sul passato geologico della Terra e sulle forze che hanno trasformato i fondali marini in maestose montagne.

187. La Rift Valley: La Cicatrice della Terra

La Rift Valley in Africa è un esempio spettacolare di una dorsale oceanica in formazione, un luogo dove la crosta terrestre si sta separando. Questa vasta rete di crepe e valli si estende da nord a sud dell'Africa, passando per il Mar Rosso fino al Medio Oriente. Il processo di rift è fondamentale per comprendere la tettonica a placche, mostrando come i continenti si formano e si muovono.

188. Il Grande Canyon: Un Libro di Storia Naturale

Il Grande Canyon negli Stati Uniti è uno dei più famosi fenomeni geologici del mondo, offrendo una vista mozzafiato su milioni di anni di storia della Terra, incisa dalle acque del fiume Colorado. Le sue strati rocciosi raccontano storie di antichi mari, deserti e periodi di grande attività vulcanica, facendone uno dei luoghi geologici più studiati e ammirati.

189. I Geyser di Yellowstone: Eruzioni di Acqua e Vapore

I geyser di Yellowstone, come il famoso Old Faithful, sono esempi spettacolari di attività geotermica. Sotto il parco si trova una vasta camera magmatica che riscalda l'acqua sotterranea fino a farla esplodere in alte colonne di vapore e acqua bollente. Questi geyser non solo sono meraviglie naturali da osservare, ma sono anche indicatori vitali dell'attività geologica sottostante.

QUIZ: TESTA LA TUA CONOSCENZA SU GEOGRAFIA E LUOGHI

Domanda 31: Dove si trova il Triangolo delle Bermude?

- A) Nel Pacifico Nord
- B) Nell'Atlantico Nord
- C) Nel Mar Mediterraneo
- D) Nel Mar Rosso

Domanda 32: Cosa caratterizza la città di Petra?

- A) Le piramidi
- B) Le strutture scavate nella roccia
- C) I grattacieli moderni
- D) I templi dorati

Domanda 33: Quale creatura leggendaria si dice abiti nel Lago di Loch Ness?

- A) Un drago
- B) Un unicorno
- C) Nessie
- D) Un Leviatano

Domanda 34: Cosa rappresentano le statue sull'Isola di Pasqua?

- A) Dei del mare
- B) Antenati venerati
- C) Guerrieri caduti in battaglia
- D) Divinità della fertilità

Domanda 35: Qual è la caratteristica principale del Sahara?

- A) È un deserto ghiacciato
- B) È il più grande deserto caldo del mondo
- C) È completamente privo di vita
- D) È il più piccolo deserto del mondo

Domanda 36: Cosa rende unico il deserto di Atacama?

- A) È il luogo più umido della Terra
- B) È noto per le sue frequenti piogge
- C) È considerato il luogo più asciutto del pianeta
- D) È pieno di laghi e fiumi

Domanda 37: Perchè l'Antartide è considerato un deserto?

- A) Per le sue alte temperature
- B) Per la sua bassa precipitazione annuale
- C) Per le sue dense foreste
- D) Per i suoi numerosi animali

Domanda 38: Che tipo di biodiversità ospita l'Amazzonia?

- A) Principalmente specie marine
- B) Un'ampia varietà di piante e animali
- C) Solo poche specie di alberi
- D) Nessuna, è completamente sterile

Domanda 39: Che ruolo ha il Monte Fuji in Giappone?

- A) È una celebre meta turistica per le vacanze invernali
- B) È considerato un luogo sacro e un simbolo nazionale
- C) È noto per ospitare le più antiche miniere di carbone del Giappone
- D) Viene usato esclusivamente per ricerche scientifiche geologiche

Domanda 40: Dove si trova il Parco Nazionale di Yellowstone?

- A) In Australia
- B) In Europa
- C) Negli Stati Uniti
- D) In Asia

RISPOSTE:

- Domanda 31: C) Interazioni tra il vento solare e il campo magnetico terrestre
- Domanda 31: B) Nell'Atlantico Nord
- Domanda 32: B) Le strutture scavate nella roccia
- Domanda 33: C) Nessie
- Domanda 34: B) Antenati venerati
- Domanda 35: B) È il più grande deserto caldo del mondo
- Domanda 36: C) È considerato il luogo più asciutto del pianeta
- Domanda 37: B) Per la sua bassa precipitazione annuale
- Domanda 38: B) Un'ampia varietà di piante e animali
- Domanda 39: B) È considerato un luogo sacro e un simbolo nazionale
- Domanda 40: C) Negli Stati Uniti

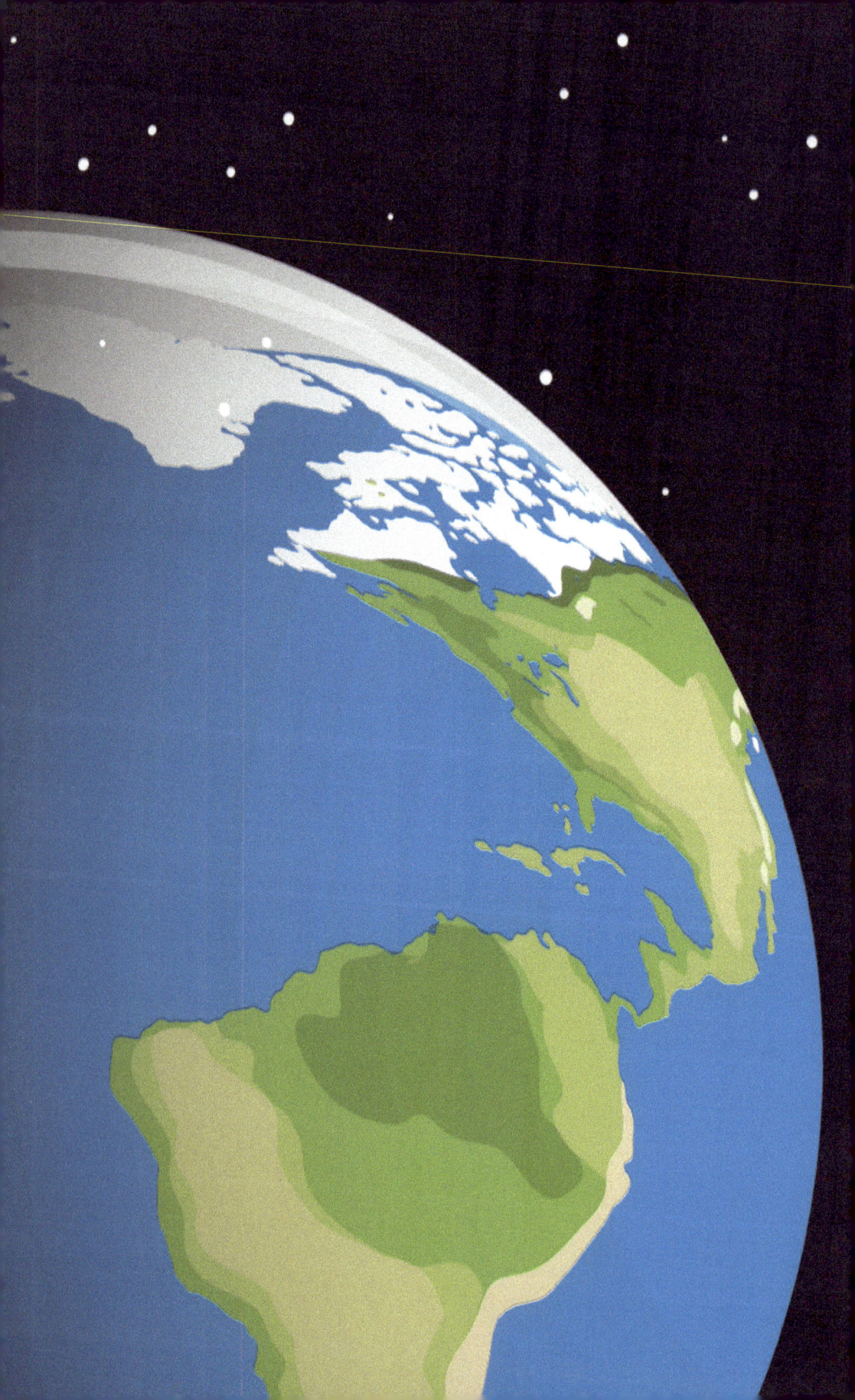

5
RECORD MONDIALI E FATTI STRAORDINARI

CAMPIONI DEL MONDO NATURALE

Il mondo naturale è pieno di record strabilianti che mostrano le incredibili capacità di adattamento e sopravvivenza degli organismi viventi. Da creature minuscole a giganti della natura, ogni specie ha qualcosa di unico da offrire. Scopriamo insieme alcuni dei record più sorprendenti del mondo naturale.

190. La Balena Blu: Il Gigante dei Mari

La balena blu è il mammifero più grande che sia mai esistito sul nostro pianeta. Questi giganti possono raggiungere lunghezze fino a 30 metri e pesare fino a 200 tonnellate. Il loro cuore, grande quanto un'automobile, e la loro lingua pesante quanto un elefante, sono solo alcuni degli aspetti straordinari di questi maestosi abitanti degli oceani.

191. La Rafflesia Arnoldii: Il Fiore Più Grande

La Rafflesia Arnoldii produce il fiore singolo più grande del regno vegetale, che può raggiungere un diametro di oltre un metro e pesare fino a 10 kg. Questo gigante tra i fiori è noto anche per il suo odore di carne marcia, che attira insetti impollinatori come le mosche.

192. La Sequoia Gigante: Il Titano dei Boschi

Le sequoie giganti sono tra gli alberi più alti e massicci del mondo. Il record per l'albero più alto è detenuto da un

esemplare chiamato "Generale Sherman," che misura circa 84 metri di altezza. Questi alberi possono vivere per migliaia di anni, rendendo il loro ecosistema uno dei più duraturi della Terra.

193. L'Artiglio del Diavolo: Il Granchio con la Più Forte Presa

L'artiglio del diavolo, o granchio cocottero, possiede la presa più forte tra tutti gli animali. Questo granchio può esercitare una forza di oltre 1600 newton con i suoi artigli – una potenza paragonabile a quella di un morso di leone. Questa incredibile forza gli permette di rompere noci di cocco, una delle sue fonti di cibo preferite.

INCREDIBILE MA VERO!

Il mondo è pieno di fatti straordinari e talvolta incredibili che sfidano la nostra comprensione del possibile. Queste curiosità non solo stimolano la nostra immaginazione, ma ci ricordano anche che la realtà può essere più sorprendente della finzione. Esploriamo alcuni dei fatti più bizzarri e meravigliosi che sembrano usciti direttamente da un libro di racconti fantastici.

194. Il Lago che Bolliva

Il Lago Boiling di Dominica non è un lago comune. È il secondo lago termale più grande del mondo, con temperature che raggiungono quasi i 92°C. Questo lago "bollente" è circondato da un paesaggio nebbioso e vapori che si alzano costantemente dall'acqua, creando un'atmosfera da altro mondo.

195. Pioggia di Pesci in Honduras

Ogni anno, nella città di Yoro in Honduras, si verifica un fenomeno meteorologico insolito noto come

"Lluvia de Peces" (Pioggia di Pesci), durante il quale i pesci si trovano letteralmente sulle strade dopo un temporale. Anche se gli scienziati non hanno una spiegazione definitiva, si pensa che i tornado d'acqua possano aspirare i pesci dai corsi d'acqua e "pioverli" sulla città.

196. Il Tunnel di Ghiaccio Naturale più Lungo

In Alaska, il tunnel di ghiaccio naturale più lungo del mondo si estende per oltre 3 km sotto i ghiacciai. Questi tunnel si formano quando l'acqua scorre attraverso e sotto il ghiaccio, scavando canali che, quando le condizioni sono giuste, possono diventare accessibili agli umani. Esplorarli offre una vista rara e affascinante di un mondo nascosto sotto la superficie ghiacciata.

197. Il Deserto Fiorito

Il Deserto di Atacama in Cile è noto per essere il luogo più asciutto della Terra. Tuttavia, ogni 5-7 anni, le piogge insolite trasformano questo paesaggio arido in un tappeto di fiori colorati. Questo fenomeno, noto come "desierto fiorito", vede la germinazione di milioni di semi  che dormivano nel suolo, creando una vista mozzafiato di vita che sboccia in condizioni estreme.

RECORD DI VELOCITÀ

La velocità è un'area dove sia la natura che la tecnologia umana hanno fatto passi da gigante. Da animali che sfrecciano nel loro ambiente naturale a veicoli progettati per superare i limiti fisici, scopriamo alcuni dei record di velocità più impressionanti del mondo.

198. La Moto più Veloce

La moto più veloce del mondo, la Dodge Tomahawk, può teoricamente raggiungere i 560 km/h grazie al suo motore V10, lo stesso tipo di motore usato nelle auto sportive Dodge Viper. Anche se non è legale usarla su strade pubbliche, il Tomahawk dimostra le straordinarie possibilità della tecnologia moderna e il fascino dell'alta velocità.

199. Il Ghepardo: Il più Veloce della Terra

Il ghepardo è l'animale terrestre più veloce del mondo, capace di raggiungere velocità fino a 112 km/h in brevi sprint. Questa incredibile velocità gli permette di catturare prede che altri predatori non possono sperare di raggiungere. Il ghepardo può accelerare da 0 a 100 km/h in soli tre secondi, quasi come una macchina sportiva!

200. Usain Bolt: L'Uomo più Veloce del Pianeta

Usain Bolt, il leggendario sprinter giamaicano, detiene il record mondiale nei 100 metri con un tempo straordinario di 9.58 secondi, stabilito ai Campionati Mondiali IAAF del 2009 a Berlino. Durante questa corsa, Bolt ha raggiunto una velocità di punta di 44.72 km/h tra i 60 e gli 80 metri, confermandosi come l'uomo più veloce mai registrato. La sua performance rimane un simbolo di eccellenza nello sport e una pietra miliare difficile da superare.

GIGANTI DELLA NATURA

Il regno naturale è ricco di esempi straordinari di gigantismo, che vanno ben oltre le comuni dimensioni che osserviamo nella vita quotidiana. Esploriamo alcuni dei giganti più sorprendenti della natura che non abbiamo ancora incontrato.

201. Il Cervo Gigante Irlandese

Il cervo gigante irlandese, ormai estinto, era famoso per la sua statura massiccia e i suoi spettacolari palchi, che potevano estendersi fino a 4 metri da punta a punta. Questi cervi abitavano le aree di Europa e Asia durante il Pleistocene e sono uno dei più impressionanti esempi di megafauna del passato.

202. Il Gigante del Miele: L'Ape Titan

L'ape gigante di Wallace, ritrovata nelle isole dell'Indonesia, è la più grande ape del mondo, con una lunghezza dell'addome che può raggiungere i 2.5 cm e un'apertura alare fino a 6 cm. Questa specie, ritenuta estinta per molti anni, è stata riscoperta recentemente, sorprendendo gli scienziati con la sua imponente stazza.

203. Il Ratto Gigante del Gambia

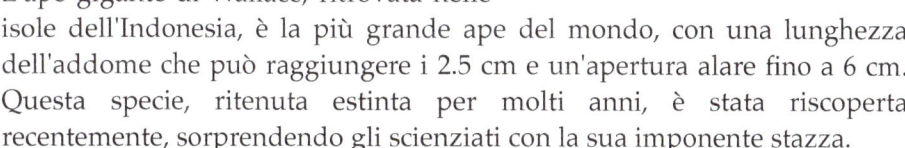

Il ratto gigante del Gambia è uno dei roditori più grandi esistenti, potendo pesare fino a 1.5 kg e misurare fino a 90 cm di lunghezza, coda inclusa. Questi animali sono noti non solo per le loro dimensioni ma anche per il loro utilizzo in operazioni di rilevamento di mine terrestri grazie al loro eccezionale senso dell'olfatto.

204. La Lumaca Golia: Un Colosso Strisciante

La lumaca golia africana è la più grande lumaca terrestre del mondo, con un corpo che può crescere fino a 30 cm di lunghezza. Queste lumache sono non solo note per le loro dimensioni ma anche per la loro capacità di mangiare praticamente qualsiasi materiale vegetale, il che le rende sia una meraviglia naturale che un potenziale problema per gli ecosistemi in cui non sono native.

205. Il Coniglio Gigante delle Fiandre

Il coniglio gigante delle Fiandre è uno dei più grandi tipi di conigli domestici, noto per poter raggiungere e superare i 10 kg di peso. Originari del Belgio, questi conigli sono apprezzati non solo per le loro dimensioni ma anche per il loro temperamento docile e la loro pelliccia densa, rendendoli animali domestici popolari e affascinanti.

ANIMALI UNICI

Il regno animale è pieno di esemplari unici e sorprendenti, ognuno con le proprie straordinarie caratteristiche e adattamenti. Esploriamo alcuni degli animali più unici del mondo che sfidano le nostre concezioni abituali sulla fauna selvatica.

206. Il Polpo Dumbo: Volare Sotto il Mare

Il polpo Dumbo prende il suo nome dai grandi, simili a orecchie, pinne che spuntano dalla sua testa, assomigliando al famoso elefante volante dei cartoni animati, Dumbo. Questo polpo raro si trova a profondità tra 3,000 e 4,000 metri sotto il mare, dove "vola" attraverso l'acqua usando le sue pinne per propulsarsi, mentre le sue braccia gli permettono di manovrare e cambiare direzione rapidamente.

207. Il Serpente Volante: Il Drago dei Boschi

I serpenti volanti sono una specie di serpenti che possono planare nell'aria, facendo "salti" dai rami degli alberi e sfruttando le loro costole espandibili per appiattire il corpo e creare una sorta di "ala". Mentre planano attraverso la foresta, questi serpenti usano il loro corpo sinuoso per stabilizzare il volo e dirigere la loro traiettoria, una capacità unica tra i rettili.

208. Il Pesce Palla: L'Artista del Mare

Il pesce palla è famoso non solo per la sua capacità di gonfiarsi come una palla come meccanismo di difesa, ma anche per le incredibili opere d'arte che i maschi creano sul fondale marino per attirare le femmine. Questi disegni simmetrici e complessi sono incredibilmente dettagliati e devono essere perfetti per essere efficaci, rendendo il pesce palla uno degli artisti naturali più meticolosi del regno animale.

209. Il Camaleonte Pantera: Il Cambia Colore

Il camaleonte pantera, nativo del Madagascar, è noto per la sua incredibile capacità di cambiare colore. Questo camaleonte può passare da rosso a verde, a blu, a nero in pochi minuti come meccanismo di comunicazione o camuffamento. I colori vivaci e variabili dipendono dallo stato emotivo, dalla luce, e dall'ambiente circostante, rendendolo uno degli animali più colorati e variabili del mondo.

PRODIGI DELLA NATURA

La natura non smette mai di stupirci con le sue creazioni, alcune delle quali sembrano sfidare l'immaginazione. Questi prodigi naturali non solo mostrano la bellezza e la complessità del mondo naturale, ma anche la sua incredibile diversità.

210. Le Meduse Immortali

La Turritopsis dohrnii, comunemente nota come la medusa immortale, ha la straordinaria capacità di invertire il proprio processo di invecchiamento e tornare allo stadio giovanile dopo aver raggiunto la maturità sessuale. Questo ciclo può ripetersi indefinitamente, teoricamente rendendo questa medusa capace di vivere per sempre, a meno che non venga mangiata o muoia per malattia.

211. Gli Uccelli che Danzano nel Cielo

Durante la migrazione, le stornelle formano quello che è noto come "murmuration", un balletto aereo di migliaia, talvolta milioni, di uccelli che si muovono in sincronia. Queste danze celesti sono uno spettacolo affascinante e misterioso, con gli uccelli che creano onde, spirali e altre figure complesse nel cielo senza mai scontrarsi.

CAPACITÀ UMANE ECCEZIONALI

Gli esseri umani sono capaci di prodezze straordinarie che spesso superano ciò che si ritiene possibile. Queste capacità eccezionali possono essere fisiche, mentali, o una combinazione di entrambe. Esploriamo alcune delle abilità più incredibili che alcune persone possiedono, mostrando la varietà e la potenza delle potenzialità umane.

212. Calcolatori Umani: Geni della Matematica

Alcuni individui possiedono una sorprendente abilità nel calcolo mentale, spesso chiamati "calcolatori umani". Queste persone possono eseguire complesse operazioni matematiche, come moltiplicazioni o divisioni di grandi numeri, radici quadrate, e persino calcoli di esponenti, rapidamente e senza l'uso di calcolatrici o altri strumenti.

213. Memoria Fotografica: L'Archivio Vivente

Alcune persone hanno una capacità nota come memoria eidetica, o fotografia, che permette loro di ricordare immagini, suoni o oggetti con dettaglio minuzioso dopo averli visti solo una volta. Questi individui possono descrivere complesse sequenze o pagine intere di testo con precisione, funzionando come veri e propri archivi viventi.

214. Iper-Flessibilità: Gli Artisti del Contorsionismo

Le persone iper-flessibili, spesso contorsionisti, hanno una gamma di movimento nelle loro articolazioni che va ben oltre la norma. Questa abilità straordinaria può essere vista nei circhi e nelle esibizioni artistiche dove gli individui piegano i loro corpi in posizioni che sembrano impossibili per la maggior parte delle persone.

ATTI DI MAGIA E ILLUSIONISMO

La magia e l'illusionismo non sono solo intrattenimento, ma anche una celebrazione della capacità umana di stupire e meravigliare attraverso trucchi, abilità e segreti ben custoditi. Questi maghi e illusionisti hanno spinto i limiti dell'inganno visivo, rendendo possibile l'impossibile. Scopriamo alcuni dei trucchi e delle performance più incredibili.

215. La Camminata sulla Muraglia Cinese

Un altro trucco leggendario di David Copperfield è stata la sua camminata attraverso la Grande Muraglia Cinese nel 1986. Utilizzando tecniche di illusione, Copperfield sembrava penetrare e passare attraverso il solido muro di pietra, emergendo dall'altra parte davanti a una folla incredula, consolidando la sua fama come uno dei maghi più innovativi e spettacolari del mondo.

216. La Scomparsa della Statua della Libertà

David Copperfield ha stupito il mondo nel 1983 con uno dei trucchi di magia più audaci: la "scomparsa" della Statua della Libertà. Davanti a un pubblico dal vivo e agli spettatori televisivi, Copperfield ha usato un gioco di specchi e tecniche di distrazione per fare apparire come se uno dei simboli più noti degli Stati Uniti fosse svanito nel nulla, dimostrando le straordinarie possibilità dell'illusionismo.

217. L'Escape Impossibile

Harry Houdini, uno dei maghi più famosi di tutti i tempi, era celebre per le sue fughe spettacolari. Una delle sue evasioni più impressionanti è stata quando si liberò da una cella di prigione che aveva le porte bloccate dall'esterno, una sfida che sembrava impossibile. Houdini usava una combinazione di abilità fisiche, conoscenza dei meccanismi di serratura, e pura audacia per liberarsi da situazioni apparentemente inescapabili.

218. L'Uomo che Cammina sull'Acqua

Dynamo, l'illusionista britannico, ha eseguito un trucco straordinario camminando sull'acqua del fiume Tamigi, lasciando gli spettatori attoniti e curiosi sulle tecniche usate per realizzare un tale miracolo. Questo atto ha non solo dimostrato le sue incredibili abilità di showman ma ha anche alimentato intense discussioni e teorie su come potesse essere stato possibile.

SCOPERTE SCIENTIFICHE RIVOLUZIONARIE

La scienza è costellata di scoperte che hanno rivoluzionato la nostra comprensione del mondo e dell'universo. Queste scoperte non solo hanno aperto nuovi campi di studio, ma hanno anche migliorato la vita quotidiana in modi inimmaginabili. Esploriamo alcuni dei momenti più incredibili nella storia della scienza.

219. La Scoperta del DNA

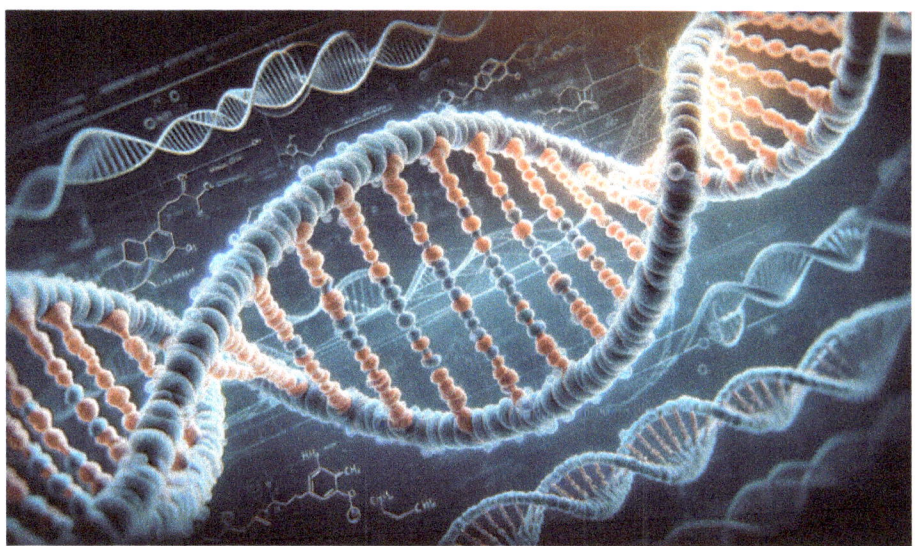

Nel 1953, James Watson e Francis Crick descrissero la struttura a doppia elica del DNA, il materiale genetico che porta le istruzioni per lo sviluppo e il funzionamento di tutti gli organismi viventi. Questa scoperta ha aperto la strada alla biologia molecolare moderna e alla genetica, campi che influenzano tutto, dalla medicina alla giustizia penale.

220. La Teoria della Relatività di Einstein

Nel 1905, Albert Einstein pubblicò la sua Teoria della Relatività Speciale, rivoluzionando completamente la nostra comprensione del tempo e dello spazio. Questa teoria introduce il concetto che il tempo può variare a seconda della velocità a cui una persona si muove relativamente a qualcos'altro. Le sue idee hanno avuto profonde implicazioni nella fisica e hanno contribuito a sviluppi tecnologici come i GPS, che usiamo tutti i giorni.

221. La Scoperta dei Pianeti Extrasolari

Nel 1995, gli astronomi Michel Mayor e Didier Queloz annunciavano la scoperta del primo pianeta extrasolare orbitante attorno a una stella simile al Sole. Questo evento ha aperto una nuova era nella ricerca astronomica, ampliando notevolmente la nostra comprensione dell'universo e della possibilità di vita al di fuori del nostro sistema solare.

QUIZ: TESTA LA TUA CONOSCENZA SU RECORD MONDIALI E FATTI STRAORDINARI

Domanda 41: Quanto può raggiungere in lunghezza una balena blu?

- A) 50 metri
- B) 30 metri
- C) 20 metri
- D) 15 metri

Domanda 42: Che odore emana il fiore della Rafflesia Arnoldii?

- A) Profumo di rosa
- B) Odore di carne marcia
- C) Fragranza di lavanda
- D) Nessun odore

Domanda 43: Quale creatura ha la presa più forte tra tutti gli animali?

- A) Il leone
- B) Il granchio cocottero
- C) L'aquila calva
- D) Il coccodrillo

Domanda 44: Che fenomeno naturale trasforma il Deserto di Atacama in un tappeto di fiori?

- A) Vento forte annuale
- B) Piogge insolite ogni 5-7 anni
- C) Forti nevicate
- D) Eruzioni vulcaniche

Domanda 45: Dove si verifica il fenomeno della "Pioggia di Pesci"?

- A) In India
- B) In Honduras
- C) In Norvegia
- D) In Australia

Domanda 46: Che velocità massima può raggiungere il ghepardo?

- A) 90 km/h
- B) 101 km/h
- C) 112 km/h
- D) 120 km/h

Domanda 47: Qual è il record mondiale di Usain Bolt nei 100 metri piani?

- A) 9.58 secondi
- B) 9.68 secondi
- C) 9.72 secondi
- D) 9.83 secondi

Domanda 48: Quanto può crescere in lunghezza la lumaca golia africana?

- A) 15 cm
- B) 20 cm
- C) 25 cm
- D) 30 cm

Domanda 49: Cosa rende unico il polpo Dumbo?

- A) La capacità di cambiare colore rapidamente
- B) Le pinne che assomigliano a orecchie
- C) La capacità di emettere bioluminescenza
- D) La velocità di nuoto

Domanda 50: Qual è la caratteristica particolare del serpente volante?

- A) Può correre a 40 km/h
- B) Ha un veleno mortale
- C) Può planare tra gli alberi
- D) È completamente acquatico

RISPOSTE:

- Domanda 41: B) 30 metri
- Domanda 42: B) Odore di carne marcia
- Domanda 43: B) Il granchio cocottero
- Domanda 44: B) Piogge insolite ogni 5-7 anni
- Domanda 45: B) In Honduras
- Domanda 46: C) 112 km/h
- Domanda 47: A) 9.58 secondi
- Domanda 48: D) 30 cm
- Domanda 49: B) Le pinne che assomigliano a orecchie
- Domanda 50: C) Può planare tra gli alberi

CONCLUSIONE: OLTRE L'ORIZZONTE

Cari giovani esploratori, mentre chiudiamo le pagine di questo viaggio ricco di scoperte e avventure, voglio lasciarvi alcuni consigli che vi aiuteranno a navigare il vasto mondo della conoscenza e dell'esplorazione per il resto delle vostre vite.

Imparare ad Imparare

La curiosità è la vostra bussola e la conoscenza il vostro timone. Imparare a imparare è forse la lezione più preziosa che possiate acquisire. Non accontentatevi mai delle risposte facili o delle soluzioni rapide:

Fate Domande: La qualità delle risposte che ricevete è direttamente proporzionale alla qualità delle domande che fate. Non smettete mai di chiedere "Perché?" o "Come?".

Pensate Criticamente: Confrontate fonti, analizzate fatti e create le vostre conclusioni. Il pensiero critico è la difesa contro l'errore e la superstizione.

Applicate ciò che Imparate: La conoscenza non è solo teoria. Usatela per fare, creare, migliorare—sia le vostre vite che quelle degli altri.

Conservare la Meraviglia

Il senso di meraviglia è il cuore pulsante dell'infanzia, ma troppo spesso lo perdiamo crescendo. Lasciate che vi dia alcuni consigli per conservare quella scintilla:

Esplorate la Natura: Non c'è laboratorio migliore del grande all'aperto. La natura è un libro aperto pieno di lezioni su biologia, fisica, chimica, e oltre.

Leggete Voracemente: I libri sono portali in altri mondi—sia reali che immaginati. Ogni libro che leggete apre un nuovo tipo di porta nella vostra mente.

Condividete il Vostro Sapere: L'insegnamento è il modo migliore per apprendere. Condividendo quello che sapete, non solo aiutate gli altri, ma rinforzate e espandete la vostra stessa comprensione.

Agire con Responsabilità

Con la conoscenza viene la responsabilità. Usate ciò che avete imparato non solo per il vostro vantaggio, ma per il bene di tutti:

Siate Custodi del Pianeta: Ogni scelta che facciamo come consumatori o cittadini ha un impatto sul nostro mondo. Scegliete saggiamente e praticate la sostenibilità.

Partecipate e Incidete: Che si tratti di scienza, politica, educazione o arte, partecipate attivamente alla vostra comunità e al mondo. Ogni piccolo contributo può sommarsi a grandi cambiamenti.

Ispirate gli Altri: Come esploratori, avete il potere di ispirare chi vi circonda. Raccontate storie, mostrate fatti, e portate gli altri con voi in questo viaggio di scoperta.

Continuate ad Esplorare

Mentre procedete, ricordate che ogni fine di un capitolo in un libro è semplicemente l'inizio di qualcosa di nuovo. Questo non è un addio, ma un invito a guardare oltre, a scoprire di più e a sognare più grandi. Il mondo è ricco di misteri che attendono solo di essere scoperti. Spero che le pagine che avete letto vi abbiano preparato per le avventure che vi aspettano.

www.ingramcontent.com/pod-product-compliance
Lightning Source LLC
Chambersburg PA
CBHW061738070526
44585CB00024B/2732